接吻的中国史

胡文辉 —— 著

上海文艺出版社
Shanghai Literature & Art Publishing House

图书在版编目（CIP）数据

接吻的中国史 / 胡文辉著 . -- 上海：上海文艺出版社 , 2023
ISBN 978-7-5321-8084-4

Ⅰ . ①接… Ⅱ . ①胡… Ⅲ . ①吻—风俗习惯史—研究—中国 Ⅳ . ① K892.26

中国版本图书馆 CIP 数据核字 (2021) 第 197134 号

发 行 人：毕　胜
选题策划：**后浪出版公司**
出版统筹：吴兴元
编辑统筹：梅天明　宋希於
特约编辑：宋希於
责任编辑：余静双
装帧制造：墨白空间・黄怡祯
营销推广：ONEBOOK

书　　名：接吻的中国史
作　　者：胡文辉
出　　版：上海世纪出版集团 上海文艺出版社
地　　址：上海市闵行区号景路 159 弄 A 座 2 楼 201101
发　　行：上海文艺出版社发行中心发行
　　　　　上海市闵行区号景路 159 弄 A 座 2 楼 206 室 201101 www.ewen.co
印　　刷：天津中印联印务有限公司
开　　本：787 × 1092　1/32
印　　张：7.75
字　　数：136,000
印　　次：2023 年 6 月第 1 版　2023 年 6 月第 1 次印刷
I S B N：978-7-5321-8084-4/G.328
定　　价：49.00 元

后浪出版咨询（北京）有限责任公司　版权所有，侵权必究
投诉信箱：copyright@hinabook.com　fawu@hinabook.com
未经许可，不得以任何方式复制或者抄袭本书部分或全部内容
本书若有印装质量问题，请与本公司联系调换，电话 010-64072833

目 录

正编　接吻的中国史

正编

接吻的中国史

小引

接吻并不是绝对必需的行为。应该说，接吻只是一桩小事，不过却是一桩无数人都在做的小事。

想必没有多少人将接吻视为一个研究课题。它只是个实用问题，只是个技巧问题，而不是学术问题，不是历史问题。

据我所见，近年坊间倒有如下几种关于接吻的专著：[德]奥托·F.贝斯特、沃尔夫冈·M.施莱德《吻》(朱刘华译，上海译文出版社 2004 年版);[丹]克里斯托弗·尼罗普《接吻简史》(张露译，现代出版社 2015 年版);[加]马塞尔·达内西《Kiss！吻的文化史》(陈湘阳译，台湾麦田出版 2016 年版；按：大陆版改为《吻的历史：流行文化的诞生》，浙江大学出版社 2018 年版)。大体来说，三种都属于普及性著作，专业性都嫌不足，前两种尤不能令人满意(第二种是百余年前的旧著)。而且，限于史料掌握，必然都是西方本位的论述，不会怎么谈论到中国。

简而言之，关于接吻的域外史，著作总算是聊胜于无的，而关于接吻的中国史，著作则完全是付诸阙如了。

自叶德辉、高罗佩以来，研究中国人的性史问题者已有不少。我过去在《现代学林点将录》（广东人民出版社2010年版）评述高罗佩一篇里，曾附有简单的总结：

> 脐下三寸，两腿之间，在中土虽亦为雅俗同乐，却非儒生学问之所系，迄于近代，观念始变。如叶德辉刊印《双梅景闇丛书》，马廉、吴晓铃集古代色情小说，周越然藏中外"淫书"与"性书"，姚灵犀纂《采菲录》《思无邪小记》，潘光旦译注《性心理学》，皆已涉性学樊篱，惟未成系统，如初上梁山，羽翼未丰，终待高氏始一统江湖耳。

在注释里又补充说：

> 吴晓铃四十年代初曾谓："我觉得《金瓶梅》中对于市井人情的描写真是淋漓尽致，李笠翁的《肉蒲团》中的性心理的描写和分析也不下于劳伦斯。蔼理斯研究'性'，成了世界上的有名的学者，我们的学者看见这个

字却'退避三舍';外国人可以写专门研究贞操带的论文，我久郁积在心中的一篇《中国淫具考》却一直不敢动笔，这是我们的缺欠，弱点，虚伪。"(《危城访书得失记》，《吴晓铃集》第二卷，河北教育出版社 2006 年版）可见近代以来中国主流学界对性问题的迟疑态度。近时于此风气渐开，如江晓原曾客串研治中国性史，李零则在方术范畴内考述房中术问题，刘达临最专于此道而不能深入，又多自我重复，未免流为俗学；而较之高氏，更瞠乎其后矣。

中国本位的性史研究，在学术界是有了一席之地，但显然仍比较边缘。至于接吻，本是性的初阶，不是性学的重心，接吻问题在性学里自然是比较边缘的，故而是学术边缘中的边缘。事实上，专门讨论中国人接吻问题的论著几近空白，更谈不上在文献上做详细的考掘了。

然而古代中国人之于接吻，虽不及西方人那么热衷、那么高调，却绝非不存在，也自有其"吻的文化史"的。在日常生活中，在影像世界中，中国人今日已司空见惯者，在史学上却无人问津，这是一个悖论。此所以有此作也。

关于此书的性质，我想强调一下，它主要是一个史料性的工作。应该先作两点声明：

第一，我并没有太刻意地搜集材料，只是随时留意，有闻辄录，积久成多（事实上我处理任何问题几乎都是这么积累材料的）。一来因为这算不上是我最关切的学术问题，一来也因为少有现成的路径可以集中搜索材料。多数材料是我独立搜集起来的，可算是原始性的，自然不敢说竭泽而渔，但还算当得起采铜于山。

第二，这个题目自然是有趣味的，也未尝没有"意义"，但在我来说，它不算是一个有太多"剩义"的题目。我主要的工作是"述史"，而非"考史"，虽然也有一些新的发明和看法，但仍以史料排比的成分居多，大体只是做出一个文化史的综述。同时，我不是法国式的哲人，无法做出那种玄虚的想象，赋予此话题以更多形而上的意义。这只是一个历史性的实证研究。

一、并非本能 接吻的一般历史

为什么要接吻？接吻是怎么起源的？这是大哉问，但也是无解之问。

先看近代英国性心理学家霭理士的说法：

利用发欲带而取得性的兴奋，不能算不正常，还有一个简单的理由，就是，在人类以外的许多动物里，这也是一个很普通的现象。……

接吻便是此种性行为的一例。嘴是人体上的一大边疆地带，是皮肤与黏膜毗连的一个口子，是有极锐敏的触觉作用的。在许多方面它很可以和阴门或阴道口相比，并且有一点比阴门还见得灵活，就是，它还有一个神经更要锐敏的舌头做它的后盾。所以嘴唇的密切与长时间的接触，在适当而可以招致积欲的环境之下，是可以引起很强烈的刺激作用的，其强烈的程度，虽次于性器官直接的接触，在各个发欲带里，总要推它为首屈一指；一样是许多条所以把神经的力量导入性领域的路径，只有它是第一条大路。一般的接吻如此，而所谓斑鸠式的接吻（columbine kiss）尤其是如此。在法国南部某一地区所流行一种接吻，叫作沼泽佬式的接吻（maraichinage）的，也就是斑鸠式接吻的一种。不过在一部分神学家的眼光里，这种接吻是一桩万劫不复的罪孽。（《性心理学》，潘光旦译注，三联书店1987年版，第47—48页）

这单纯是从生理上解释接吻的发生。

现代中国民俗学家黄石受西方民族学的影响，对接吻起源问题有个综述：

接吻是什么？人类学者泰勒（Tylor）说接吻是"以尝味来表示敬礼"；d'Enjoy 则说是"咬和吸"；更有人说接吻实际上是一种语言的形式。此说极着重，人类不论低声或大声讲谈，嘴唇的肌肉都随着表现"吸吮的运动"。此种"吸气的双唇音"，与许多种野蛮人语言的尖细唇音颇多相同之点，论者因据此谓接吻是语言的一种。还有一说，谓接吻原是一种检查的方法，是丈夫出外回来，故意嗅吮妇人的嘴唇，看她有没有喝酒。此说罗马哲人普林尼（Pliny）唱之于前，后人颇多信之。我从前曾经说过，接吻的哥德语源 kustus 本有证据或检验之义。看来普林尼的说法似乎有点可信。但细心一想，便觉得此说充其量只能说明一部分接吻的现象，而不能作一般的解说。近代的学者多采用生物学的说法，说接吻是一种动物的本能，是两种互相补足的主要冲动，饥饿与爱恋的交互反应的会合。不错，情爱与饥饿两种根本冲动之间，确有心理上的联络。但接吻的动作是嘴唇的次起的习惯（secondary habit），正如语言是听觉器官全体的次起的习惯一样。我们不能说语言发生于听觉，所以也不能说接吻发生于食的冲动。更有一说，谓恋人的接吻生于母性的接吻。此说犯罪学者龙波洛梭（Lombroso）主之，原有相当的理由，但龙氏的论据正陷于性爱发生于母爱同一的谬误，所以也不大可靠。（《接吻的意义及其起源》，高洪兴、徐锦钧、张强编《妇女风俗考》，上海文艺出版社 1991 年版）

随后他提出自己的一种解释：

依我的愚见，接吻的最直截了当的定义，无过于

> 说：接吻是两个灵魂（或生命）的融合。这个定义固然
> 适用于两性销魂的抱吻，同时也一样的适用于其他种种
> 形式的接吻，如朋友亲属间的亲爱吻，尊卑间的尊敬
> 吻，宗教同道间的"平安吻"，及神人间的宗教吻等等。
> （《接吻的意义及其起源》）

需要说明，黄石所说的"灵魂"，是初民式的"灵魂"观念，是一种巫术性的存在，不同于今人所谓"灵魂"乃是一种精神性的存在。故所谓"接吻是两个灵魂（或生命）的融合"，等于将接吻的起源归于巫术性的生命观。这种解说，在我看来有点过于浮泛了。

真正对接吻的起源和发展作出具体历史解释的，似乎要数德国心理学家、社会学家缪勒利尔（F. Müller-Lyer）：

> 恋爱之发展既可由衣服上反映出来，在接吻之历
> 史上，也同样反映出来，接吻之历史同时也是恋爱之
> 历史。
>
> （1）上面说过，在原始恋爱之第一个时期，完全不
> 晓得有接吻之习惯的。阿宾说在基阿那之印第安人中，
> 他们的恋人从未见过拥抱之事情。"他们没有接吻这
> 一个字，这种愉快的娱乐他们是完全不懂的。当我把这

种事情教给他们之时，岛人都大笑起来并且很忸怩地和参加的少女接吻，这些少女也莫明其妙。但是经过不久之时候，他们很坦白地进行这种举动，后来，还很喜悦这种愉乐。"

（2）在家族时代中，希伯来，希腊，罗马，和阿拉伯人等，都有接吻，但它像一个新到这世界之客人一样，在最初，它只徘徊于它的路向之中，后来才渐渐找出了它的鹄的，而在它旅程中之徘徊歧路，实是家族时代之特点。阿拉伯妇人要吻她的父亲和丈夫之长髯。寇土（Cato）说，罗马的男子常常吻接他的妻子，察她有没有饮酒（酒是对于罗马妇人严禁的）。他们有各种不同之接吻，各有特殊之名字，如殷勤之接吻名为"basium"，友谊之接吻名为"osculum"，爱人之接吻为"suavium"。中世纪之接吻也有很多种类，纪元后七一〇年，有一种吻接教皇拖鞋之习惯发生。十六世纪流行一种习惯，妇女对于跳舞时之舞伴接一吻以为报酬。又有一个很长的时期，当男女二人行婚礼的时候，牧师有接吻之特权，不特吻新娘，还和一切陪嫁娘接吻。友朋之间，尤其是亲族之间，常交换接吻；至于吻手，那是对生客等表示尊敬之意。

（3）在第三个即个体时代，接吻这一种事情经上述的徘徊之后，才找着了适当之职份——这是这一时代之特点；只有"suavium"爱人之接吻（和母亲之接吻）才遗留于我们之现代，并且逐渐确定于这一种范围之中，浪漫恋爱而没有接吻这一种事情，实在是不可思议的。亲族间之接吻，已渐渐不流行了，除了小地方之外，简直不能多见。只有对于帝皇的接吻一事，证明在从前一个时候，曾经盛行过这种方式的敬礼。（《婚姻进化史》，叶启芳译，商务印书馆民国二十五年订正再版，第114—115页）

简单说，缪勒利尔将接吻的历史分作三个阶段：原始阶段，不接吻（前接吻时代）；古典阶段，社会化的接吻（广义接吻时代）；现代阶段，恋爱化的接吻（狭义接吻时代）。这个"进化论"式划分固然是清晰了，但又嫌过于整齐，似乎尚可作些补充。

霭理士有个看法，是将口交也归入接吻的范围：

接吻虽属积欲的一大手段，其他属于触觉的比较次要的手段还有。异性之间任何其他出入口的接触都是积欲的手段，其效力有时候也不在接吻之下；这些手段，其实都属于接吻一流，不过接吻比较的最富有代表性罢了。舐阴（即以舌舐女子的阴部，西文为 cunnilinctus，普通误拼为 cunnilingus）和咂阳（即以舌咂男子的阳具，西文为 fellatio）都可以说属于接吻一类；并且也不能看作违反自然，因为在它种动物和未开化的民族中间，我们一样的可以找到这一类的活动。把它们看作厮磨的一些方式与积欲的一些帮衬，它们原是很自然的，并且，在一部分人的经验里，它们正是所以获取性快感一些无上的条件；至于这种活动的是否合乎审美的标准，那是另一问题了，大概总算不上美吧。（《性心理学》，第 48—49 页）

霭理士将口交（舔阴、咂阳）亦视为接吻一类，是否恰当，恐怕见仁见智。但值得注意的是，他指出在动物和原始民族中已存在口交，对比缪勒利尔所说原始民族不接吻的现象，则我们可以得出一个不无尴尬的结论：口交的起源更早于接吻；或者说，接吻的"前传"是口交。这是需要补充的第一点。

霭理士还有个看法，将接吻区别为两大类型：

　　……到了人类，接吻有两个成分，一是触觉的，一是嗅觉的，不过触觉比嗅觉的来历为古远，而在欧洲民族中间，它所占的地位也远在嗅觉之上。不过偏重嗅觉的接吻，实际上比偏重触觉的要分布得广；欧洲或地中海区域而外，大都流行偏重嗅觉的接吻；在蒙古利亚种的各民族中，这种接吻发展得最完全。(《性心理学》，第48页）

这里说在接吻方面，欧洲的族群偏于触觉，欧洲之外的族群偏于嗅觉，应是当时西方学界的一般看法。黄石也提到：

……接吻大别为"马来式"和"欧洲式"两种，"马来式"的接吻是用鼻子相摩或相嗅，"欧洲式"的接吻则用嘴唇相接或接触身体旁的部分。(《接吻的意义及其起源》)

这里说的用嘴唇接触，也就是霭理士所说的偏重触觉，用鼻子相摩，也就是霭理士所说的偏重嗅觉。这种关于接吻的两分法应是有人类学根据的，但霭理士说"触觉比嗅觉的来历为古远"，即认为"欧洲式"接吻要比"马来式"接吻来得古老，恐怕只是想当然，并无真正的依据和理由。比如马塞尔·达内西就提到：

在北极附近的原住民因纽特人（Inuit）和拉普兰人（Laplander）的社会里，情侣习惯磨鼻子而非接吻，居住在世界其他地区的人也有同样的习惯，早期的北极探险家称之为"爱斯基摩吻"。（《Kiss！吻的文化史》，第25页）

所谓"爱斯基摩吻"，显然也就是偏重嗅觉的"马来式"接吻。爱斯基摩人（因纽特人）是极古之时从亚洲族群分化出来的，"爱斯基摩吻"似可追溯到这一分化以前，这很有利于证明"马来式"接吻起源的古老性。这样的话，再考虑到"马来式"接吻在世界范围分布的广泛，同时又考虑到欧洲族群兴起的历史并不太早，我想不如倒过来，说"嗅觉比触觉的来历为古远"，恐怕要更为合理。这是需要补充的第二点。

此外，我还偶尔留意到，民国时中国人里也有这样的说法：

男女身体各部，隐秘愈足以动性欲。故接吻之乐不如摸乳，因男女之吻相同，而又皆看得见也，乳则若隐若现，男女大小不同。摸乳不如抚弄性具，盖阴阳二物，形状互异，平时隐秘不轻易露现，想像起来，极为奇怪，故一见，性神经便起变化，兴奋紧张，思欲接触，则因二物又大不相同也。各民族欢乐时之阶级，仅此而已。若我族则多一把玩金莲之妙境，其程序愈多，则欲情愈炽。故握金莲之乐，已不逊于交欢，或且比此尤甚，盖女人之小足，其隐秘尤甚于阴沟。……（金陵爱特生述《莲妙》，姚灵犀编《采菲精华录》，天津书局民国三十年版，第161页）

这位"金陵爱特生"不知何许人，但总之是一位小脚迷恋者，今日视之自然是变态的；但值得注意的一点是，他以为"接吻之乐"有限，"握金莲之乐"无穷，其立论完全就性心理而言，理由是"形而上"的。相反，霭理士之论接吻，却只是就性生理而言，倒纯是"形而下"的呢。他的话虽不是直接讨论接吻的起源，但对于接吻的性质及流行，倒还有一点参考价值。

大体来说，我们对接吻的历史，并没有太确实的认识。但我们可以确实地断言的是，接吻在时间（**历史**）上和在空间（**地理**）上都是不均衡的，也是不断变化的。它不是一种先天的本能，而是一种后天的习俗。马塞尔·达内西在介绍"爱斯基摩吻"之后，特别指出一点：

很明显，尽管某个动作在一套求偶习俗中是浪漫的、稀松平常的，在另一套习俗中仍可能显得怪异而粗野。接吻确实是个"怪异"的动作，因为双方会交换唾液，其实相当不卫生。（《Kiss！吻的文化史》，第25页）

这个意思很不错，是通达之见。我们应该充分意识到：人类的习俗是各不相同的，人类关于接吻的习惯也是各不相同的。接吻，尤其是所谓"欧洲式"接吻，并非天经地义，而实为一种文化建构。

指出接吻是一种文化建构，意味着的是：接吻作为一种初级性爱方式（*前戏之前戏*），并不是自然性、本能性的行为，而是后天习得的，即带有习惯性、风俗性的行为。西方之外的几乎所有国族，包括中国，大约少有像西方人那么重视接吻的。对接吻的异常重视，仅仅是西方特色，而且，还未必就是自古以来的西方特色。即使在西方，将接吻视同"爱情"的标志物也是相当晚近的事情，与"爱情"作为一种集体无意识的形成是同步的。当代全球性的吻文化，实在是近世以来西方的文化——尤其是流行文化——的无形霸权造成的，而大众电影应有最重要的推波助澜之功。只是到如今，四海一家，地球一村，世人都承受了西方文化的洗礼，习以为常，遂以为理所当然而已。

总之，我以为接吻这种行为，其实是无法确凿地追溯来历的，正如性固然是自有人类（应该说还未成为人类）以来就有的，但具体种种性行为方式的来历，却是无法追溯的。接吻属于生活史的范围，这意味着，它是日常的、普遍的，往往不会作为"历史"记录下来。因此，接吻必然有很多前史，有很多佚史，但亦不妨说，接吻是没有历史的。

在世界史的范围，接吻的起源是个无法根本解决的问题。而我讨论的范围则限定在中国史，并且也不拟讨论接吻在中国起源这样的问题。我仅以确定的史料为准，对接吻的中国史做实证探讨。史不足徵，则遵循胡适"有几分证据说几分话"的原则。但我也很明白，讨论接吻史这种问题，是最不能采用"默证"的，文献没有记录的，未必不存在——几乎可以肯定是存在的！因此，所谓"接吻的中国史"，只是将浮现于文献表面的有限片段勉强连缀起来，遂称之为"史"而已。

二、人有我有 中国人也接吻

有一种影响似乎不小的见解，以为中国人的接吻，只是承受了西方的影响，中国人过去是不接吻的。

张竞生在民国时因提倡性学而收获"文妖"骂名，他的意见自然是有代表性的。其《接吻的艺术》说到：

> ……这真可惜，我国人对于接吻或偶一行之，但并未讲究与普通实行。我个人就是在中国生活了廿二岁，又曾被家长强迫娶了老婆，但不知接吻是怎样一回事。及到了巴黎，才看见了法国人的风尚，渐渐觉得接吻是人生的一种艺术，一种极有乐趣的事情。（《浮生漫谈》，《张竞生文集》下册，广州出版社1998年版；又见《浮生漫谈：张竞生随笔选》，三联书店2008年版）

直到如今，专门研究接吻史的西方学者仍持类似的意见：

> Osculation 是接吻较正式的说法。接吻在中国和日本并不是求爱传统的一部分，如前所述，是晚近的大众媒体和国际网路把接吻的意象带进它们的社会中。（《Kiss！吻的文化史》，第 25 页）

张竞生的个人经验表明，接吻在过去中国社会中确是不那么普遍的，但仅凭他的个人经验，并不足以概括中国社会的整体。"言有易，说无难"，在生活领域和性爱领域也是如此的。至于西方学者则对东洋不过一知半解，信笔言之，其判断更是作不得数了。

关于中国人的接吻，其实前人早有论断，是可以确定其"有"的。

周作人在 1925 年就说过：

> 蔼理斯讲到远东的接吻，用的材料都是转手来的，所以不很确实。小泉八云说日本向来没有接吻，不免是皮相之见，只要一查故医学博士文学博士森林太郎所著经政府禁止的小说《性的生活》（*Vita Sexualis*），就可知道。第恩周所说的中国的接吻，那是"嗅"，我们乡

间读作 hsoong（西用切），此外似乎还有一种所谓亲嘴，或者就是亚剌伯的《馨香之园》（按：今译《香园》）里所说的罢？这些在中国的成年人大抵都知道，也可以不必再同老兄絮说了。（《关于接吻》，原题《周作人先生来函》；此据锺叔河编《周作人文类编》，湖南文艺出版社1998年版，第五册第180页）

以周作人的阅历，他的意见是可以信任的。

稍后叶灵凤更说道：

> 对于接吻，东方人是比西方人更了解的。接吻在东方人的心目中完全是一种享受，丝毫没有"礼貌"的意味。法国曾有部《欧洲人和中国人的接吻》（*Le Baiser en Europe et en Chine*）将东西的接吻观念加以比较，说西方的接吻风俗，完全是吃人肉的习惯残留而已。

> 霭理斯曾写过《接吻考》，说原始的接吻与触觉和嗅觉有关，是吮吸和口咬的进步，这完全是从低级动物遗传来的；……

> 也许因为嘴唇的形状和色泽都与生殖器相似，因此嘴唇的接触不仅是爱的表现，而且更是"性"的满足。接吻实在是介乎性与爱之间的。德国人相信一个女子肯

让你接吻，她不久就可以允许你更进一步的动作。法国
女子更将接吻当作性交一般重要。至于东方人，是最能
了解接吻艺术的，当然更不用说了。（《接吻种种》，张
伟编《书淫艳异录》[甲编]，福建教育出版社 2013 年
版，第 270—271 页）

比之张竞生，叶灵凤则走向另一个极端，认为东方人比西方
人更了解接吻。这就未免过犹不及了。

至于叶灵凤提到的法国人《欧洲人和中国人的接吻》一
书，潘光旦后来依据霭理士《接吻的起源》一文（《性心理
学研究录》第四辑附录）做过简单介绍。其书著者为唐汝洼
（Paul d'Enjoy），他认为中国式的接吻偏重嗅觉，分为三个步
骤：一是把鼻子放在所爱者的颊上；二是一度深呼吸，同时
上眼皮向下关闭；三是上下唇翕而忽张，作一种轻而尖锐的
声音，好像是领略着一种美味似的（《性心理学》第二章注
[45]，第 87 页）。另外，潘氏还指出，法国式的舌吻在中国
古代也是有的，见辽王鼎《焚椒录》所载的《十香词》之五
（《性心理学》第二章注[44]、[60]，第 87 页、第 89—90
页）。——这个例子，具体在下文再作介绍和讨论。

我还见到有位台湾作者专门讨论接吻问题：

> 有人说：接吻是舶来的。这更错误得完全没有纠正的余地。
>
> 接吻不是西方人的特有产物，东方人何尝无嘴？既然有嘴，除了食物、讲话、唱歌而外，自必也会用以相亲。
>
> 人类发源于东方，人类文化要从"昆仑之丘"说起，所以，我们世居东方的中华民族，当然要比任何流徙的西方民族早一点晓得亲嘴，只是，我们向来不叫作吻或接吻而已。
>
> 唯一的差别，是我们东方人，从老祖宗算起，接吻都喜欢在巢上，在洞里，在黑暗中或者在暗无旁人的花前月下，是秘密不公开的，小孩子当然看不见；尤其是自周公制礼以后，接吻更要在房内、在被窝中，连大孩子也不容易看得见了。不像他们西方人，在大场广众亲嘴，在小说中描写，在杂志、画报甚至于电影、电视上映现特定镜头。（陈香《谈吻》，《笔余十谈》，1976 年刊本）

作者并没有可靠的历史依据，所谓"人类文化要从'昆仑之丘'说起"云云更是民科的说法，但他断言中国人本知道接吻，只是不像西方人那样公开接吻，这一大旨却是很确当的。

还有，专攻中国绘画史的陈传席也有短章辨析此问题，篇幅无多，全录如下：

> 吾国以古人为题材之小说、戏剧、电影、电视之类，状男女相爱者，绝无接吻之例，以为不合史实。盖作者以为接吻（Kiss）为洋人故事，非吾国所固有者也。然《西厢记》已有"檀口搵（吻也）香腮"之说，言张生吻莺莺也。《红楼梦》中亦有"亲嘴儿"之记。近数年，余遍游全国各地，察出土之汉代雕塑图画中，男女拥抱接吻之像，屡见不鲜。故宫博物院亦有陈列，石雕男女拥抱接吻与今之男女相吻完全无异。四川彭山县汉墓出土石雕竟有一对男女裸体拥抱接吻，其男搂女，其女偎男，面唇相亲紧贴，亦与今人之男女亲吻无异。是知汉代早有男女接吻先例。奈写作家不知，不敢写入故事之中，致使再现古之男女相恋、忸怩之态，不得尽致也。（《汉代已有男女接吻先例》，《悔晚斋臆语》，中华书局 2007 年版，第 112 页；按：注释有谓："台湾

《皇冠》杂志所刊山东莒县龙王库乡汉墓中出土之男女接吻图，仅属一例。余见数十例真迹，其男女亲吻之雕塑更加典型。"）

出土文物中的接吻图像，当然是最直观的证据。具体例子也将在下文介绍。

三、上古茫昧《易经》咸卦新解

众所周知，中国文字形成很早，文献的出现也甚久远。但我们不难想象，接吻这种事情，属于私域而非公共问题，属于生活而非政治问题，殊不足以见诸大人先生的笔下，在"经国之大业，不朽之盛事"的正经文章中自然不易找到痕迹。

先秦以前的文献，百家九流，或存或佚，数量也不算少，我只想到《易经》有一条爻辞，或许有关接吻。

传世本《易经》咸卦的卦爻辞全文如下：

咸：亨。利贞。取女吉。

初六　咸其拇。

六二　咸其腓。凶。居吉。

九三　咸其股，执其随。往吝。

九四　贞吉。悔亡。憧憧往来，朋从尔思。

　　九五　咸其脢。无悔。

　　上六　咸其辅颊舌。

引起我注意的，就是最末这句"咸其辅颊舌"。

　　《易经》的性质，简单说就是占算宜忌的手册。首句的"亨。利贞。取女吉"，是卦的占辞，表示咸卦的一般宜忌。从初六至上六，由低而高，谓之六爻，所附的文字分两部分：描述爻象，如六二的"咸其腓"，这是爻辞；断定吉凶，如六二的"凶。居吉"，则是爻的占辞。我们很容易看到，咸卦爻辞"咸其拇""咸其腓""咸其股，执其随""咸其脢""咸其辅颊舌"，句式皆作"咸其×"；而这个"×"，皆指人体的某一部分，由"拇"（足大趾）而"腓"（腿肚）而"股"（大腿）而"脢"（脊背肉）而"辅"（颊骨）、"颊"（两颊）、"舌"，位置自下而上，显然是与爻位相应的。

　　要理解咸卦的爻辞，要点是"咸"的含义。

　　大约由于首开头占辞有"取女吉"的话，古人就将咸卦的寓意理解为男女问题，《易传·彖传》云：

　　　　咸，感也。柔上而刚下，二气感应以相与。止而说，男下女，是以"亨。利贞。取女吉"也。天地感而万物化生，圣人感人心而天下和平。观其所感，而天地万物之情可见矣。

又《荀子·大略篇》亦云：

> 《易》之咸见夫妇，夫妇之道不可不正也，君臣父子之本也。咸，感也。以高下下，以男下女，柔上而刚下。聘士之义，亲迎之道，重始也。（*此据杨树达《周易古义》卷三，上海古籍出版社 1991 年版，第 49 页*）

二者对"咸"的解说高度一致，可以代表先秦的一般理解。大致上，"咸"是交感、感应的意思。自此而后二千余年，说《易》者皆不脱此樊篱。

《易传》一般以为成书于战国时期，去《易经》本身的形成年代已甚久远，而且它是将《易经》作为一个微言大义的圣经来阐释，实际上完全扭曲了《易经》本来的性质。故近世以来凡受现代学术观念洗礼者，多抱有以经还经、以传还传的意识，对《易传》的旧解释不再轻易接受。具体到咸卦问题，仍有学者继承旧说，如黄寿祺、张善文《周易译注》（*上海古籍出版社 1989 年版*），刘大钧、林忠军《周易古经白话解》（*山东友谊书社 1989 年版*）；另有些学者则完全颠覆了旧说，将"咸"理解为损伤、斩伤之义，如李镜池

《周易通义》(中华书局 1981 年版),高亨《周易大传今注》(齐鲁书社 1979 年版)、《周易古经今注》[重订本](中华书局 1984 年版)。

至于上六爻辞"咸其辅颊舌",《易传·象传》旧解作:"滕(一作媵)口说也。"大约是指搬弄口舌是非。近人或承之,如黄寿祺、张善文解为"交感相应在口头上",刘大钧、林忠军解为"因感而牙床、面颊、舌头齐动";或另立新说,如李镜池解为梦占之辞,字面指"脸部连同舌头都伤了",高亨则解为"其人受批颊之辱"。总的来看,诸家之说都不能令人满意。

在此,我想推倒重来,对《易经》里这个"咸"字提出一个新解。

首先,李镜池释"咸"为伤,是取清人朱骏声《说文通训定声》"咸者,鹹之古文,啮也。从口从戌,会意。戌,伤也"之说;高亨释"咸"为斩,则据《尚书·君奭》"咸刘厥敌"、《逸周书·世俘篇》"咸刘商王纣"之例。但由"咸"字在上古的普遍用例来看,这一训释的依据并不充分(参《汉语大词典》[缩印本],四川辞书出版社、湖北辞书出版社 1993 年版,第 590 页;许建伟《上古汉语词典》,吉林文史出版社 1998 年版,第 171 页)。而且还有一点,在马王堆汉墓出土帛书《易经》和传世文献《归藏》里,咸卦的"咸"皆书作"钦"（参张立文《帛书周易注译》，中州古籍出版社1992年版，第397—398页；吴新楚《〈周易〉异文校证》，广东人民出版社2001年版，第99—100页）；另，在帛书《易经》里，临卦中的两处"咸"又书作"禁"（《帛书周易注译》，第332—333页；《〈周易〉异文校证》，第73页）。这样来看，单纯就"咸"的字形来作训释就很不可靠了。

我以为，《易传·彖传》和《荀子·大略篇》关于"夫妇之道"的发挥，自然是以意逆志，不必信从；但关于"咸，感也"的训解，从通假角度却是完全成立，也有实例支持的（参高亨《古书通假会典》，齐鲁书社1989年版，第230页；王辉《古文字通假字典》，中华书局2008年版，第783页）。

而这个"感"字，有个绝佳的用例，即《诗经·召南·野有死麕》：

舒而脱脱兮，无感我帨兮，无使尨也吠。

翻译成现代女郎版的话，意思就是：别这么猴急！别碰我的高级内衣！别让狗狗叫起来。这里的"感"，通"撼"，又作"撼"（参程燕《诗经异文辑考》，北京师范大学出版集团、

安徽大学出版社2010年版，第34—35页），有动、碰或弄
之类的意思。我想，《诗经》里这个"感"，正可用来解释
《易经》的"咸"，"咸""感""撼"通假，在训诂上完全说
得通。这样来看，咸卦爻辞"咸其拇""咸其腓""咸其股，
执其随""咸其脢""咸其辅颊舌"，就可理解为男女前戏的
一连串行为——正类似于后世的《十八摸》！至于"咸其辅
颊舌"，则自当指亲吻，甚至舌吻了。

　　需要说明，"咸其辅颊舌"的"辅颊舌"，注家皆理解为
并列的关系，指面部器官而言，古今几无异辞。为免枝蔓，
我在上文讨论时也暂从此说。但实际上是可以有另一种句读
和解释的。

　　"咸其辅颊舌"的"颊"，古代异文又作"夹""侠"，帛
书《易经》作"陕"（参徐芹庭《周易异文考》，香港世界图
书公司1975年版，第66—67页；张立文《帛书周易注译》，
第402—403页；吴新楚《〈周易〉异文校证》，第99—100
页），其本字并不确定；而"夹""侠"往往通作"挟"，同
时"挟"亦与"接"字互用（《古书通假会典》，第698页）。
无论是"夹"或"挟"抑或"接"，都宜作动词用，"夹
舌""挟舌""接舌"正可自成语词，皆可理解为接吻。这样
的话，"咸其辅颊舌"则应句读为"咸其辅，颊舌"，"咸其
辅"三字成一句，与上文"咸其×"的句式完全一致，整

句话也显得比原来自然；同时，其表示接吻的意味就更明确了。

关于《易经》的成书年代，是太专门太复杂的问题，在此不必介入，总之可信是孔子之前的文献，也是中国最古的文献之一。若"咸其辅颊舌"或"颊舌"是指接吻而言，这个记录是够早的了。只是上古茫昧，书阙有间，尤其《易经》作为文本又甚简略隐晦，这只可说是暂立一义而已。还不宜说《易经》就是中国文献中关于接吻的最早记录。

更何况，即便可以确定最早的文献记录，这个"最早"的意义也是有限的——只是文献上"最早的接吻记录"，而非历史上"最早接吻的记录"，只是千秋纸上尘，而非真正的活色生香。真正意义上的第一个吻，必然已经湮没在前文献时代了。

四、东风第一枝 出土文献的确定记录

可以确定为接吻的文献记录，或者自秦汉时始吧。

1973年，长沙马王堆三号汉墓出土大批帛书及竹木简，是文献上的大发现。其中包含十数种医书，有一种属于古代房中术的著作《合阴阳》(竹简)，其开始部分如下：

凡将合阴阳之方，握手，土(出)掮(腕)阳，揗(循)扪(肘)房，抵夜(腋)旁，上灶纲，抵领乡，揗拯匡，覆周环，下缺盆，过醴津，陵(凌)勃海，上常(恒)山，入玄门，御交筋，上欲(合)精神，乃能久视而与天地牟(侔)存。交筋者，玄门中交脉也，为得操揗之，使膤(体)皆乐养(痒)，说(悦)泽(怿)以好。虽欲，勿为，作相呴相抱，以次(恣)戏道。

戏道：一曰气上面執(热)，徐呴；二曰乳坚鼻汗，徐抱；三曰舌溥(薄)而滑，徐屯；四曰下汐(液)股

湿，徐操；五曰嗌干咽唾，徐搣（撼）。此胃（谓）五
欲之徵。……（周一谋、萧佐桃主编《马王堆医书考注》，
天津科学技术出版社 1988 年版，第 398—399 页；魏启
鹏、胡翔骅《马王堆汉墓医书校释》[贰]，成都出版社
1992 年版，第 130 页。另参马继兴《马王堆古医书考
释》，湖南科学技术出版社 1992 年版，第 977—983 页。
按：马著考释较详，惟录文径改原文）

《合阴阳》大抵是一份性爱指南，而开头这段文字，涉及人
体不同部位，不易一一确定所指，但总之是按摩或亲吻女
子全身的意思，亦即今之前戏也。这就意味着，《合阴阳》
是男性视角的指南，这段文字有后世所谓"十八摸"的意
思——当然，这也是很"自然"的，中国古代的房中术著
作几乎无不如此。

而接下来的"虽欲，勿为，作相呴相抱"和"戏道：一
曰气上面热，徐呴"，这个"呴"，正是《庄子·天运》"相
呴以湿，相濡以沫，不若相忘于江湖"里的"呴"，本义是
呼气，但在《合阴阳》这里，显然是指亲吻的行为。

同墓出土的另一种侧重养生的房中著作《天下至道谈》
（竹简）也有关于"五欲（之徵）"的内容：

气上面热，徐昫（呴）……（《马王堆医书考注》，
第 435 页；魏启鹏、胡翔骅《马王堆汉墓医书校释》
［贰］，第 152 页；马继兴《马王堆古医书考释》，第
1058 页。按：后世房中书《玉房秘诀》继承了"五欲之
徵"之说，但内容有所变异，对应的文字作："一曰面赤
则徐徐合之。"见［日］丹波康赖《医心方》卷第二十八
"五徵第七"。但叶德辉所辑《玉房秘诀》未录此条，见
《双梅景闇丛书》，海南国际新闻出版中心 1998 年版）

文字与《合阴阳》如出一辙，自不待言。

根据马王堆三号汉墓中随葬遣册的记录，此墓年代为汉
文帝初元十二年（公元前 168 年）。研究者指出，《合阴阳》
《天下至道谈》里皆有"盈"字，但未避汉惠帝刘盈的讳，
而《合阴阳》的"上常（恒）山"，则应是避了汉文帝刘恒
的讳，故这两种房中书或抄写于汉文帝即位之后（参《马王
堆古医书考释》，第 9 页）。但由马王堆这批医书的内容来
看，其来历甚早，相信其著作年代普遍早于抄写年代，似可
上溯至战国时期。特别有一点值得注意：《合阴阳》与《天
下至道谈》多有重出的内容，除了上引的"五欲（之徵）"，
还有"五音"、"八动"、"八道"（"十脩"）、"十动"、"十节"
（"十势"）、"十已"等等，可见二者皆依傍于更早的文献。

这也是其著作年代可上推的一个旁证（参《马王堆古医书考释》，第19—21页）。

还有另一个记录，仍见于出土文献，而且发现未久。

2009年，北京大学得到海外捐赠的一批竹简，内容全部属于典籍，有传世的《苍颉篇》和《老子》，也有佚传的史籍《赵正书》、道家著作《周驯（训）》及赋体《妄稽》《反淫》等。据整理者研究，竹简年代约为西汉中期，主要在汉武帝后期，不晚于宣帝时（《北京大学藏西汉竹书》[壹]《前言》，上海古籍出版社2015年版）。这里要讨论的，就是被称为俗赋的《妄稽》。

"妄稽"是见于竹简的篇题。这篇赋的体裁大体是四字一句，但性质是寓言性的故事，因其女主人公名叫"妄稽"，故以为篇名。"妄稽"的意思或同"无稽"，大约同于古书中的"乌有先生""无是公"之类（《北京大学藏西汉竹书》[肆]，上海古籍出版社2016年版，第57页），可见其假托的性质。故事大致是说：有位名叫周春的士人，出身高华，品貌俱优，他父母却给他娶了又丑又凶的妻子妄稽；周春向父母请求纳妾，为妄稽极力阻挠，最后周春及父母还是买来一位名叫虞士的妾。虞士既美丽又温柔，却受到妄稽所辱骂和折磨，直到妄稽生了大病，死前才反悔自己的妒行。

就《妄稽》的"人设"来说，是甚为生硬的，其情节也

颇不合情理。不过，在此只想讨论这一文本里前面描述女主
人公的部分：

> 妾稽为人，甚丑以恶。穜（肿）胻广肺，垂颡折骼
> （额）。臂跃（夭）八寸，指长二尺。股不盈拼（骈），
> 胫大五揦。曚（葭）殄（吟）领亦（腋），食既相泽。
> 勺乳绳萦，坐肂（肆）于席。尻若冣笱，塼（膊）膌
> （胳）格格。目若别杏，逢（蓬）发颁（皤）白。年始
> 十五，面尽鲐腊。足若县（悬）橿（姜），胫若谈（棪）
> 株。身若胃（猬）棘，必好抱区（躯）。口臭腐鼠，必
> 欲钳须。（《北京大学藏西汉竹书》[肆]，第60—62页）

这一大段文字，都是描摹妾稽其人是如何"甚丑以恶"的。
因为竹简的用字遣词甚为古僻，不易一一训释，但也不必
一一训释，大意无非是说她眼歪发乱，满脸横肉，手粗脖
粗，皮肤干裂，乳房不挺，屁股又尖，我们显然不难体会到
文本呈现出来的满满恶意。

——插播一下，此处对女貌刻画的性质，后世亦有类
似文本，如中古刘思真的《丑妇赋》（见《初学记》卷十九
"丑人"、《太平御览》卷三八二"丑妇人"），敦煌文献所见
唐代赵洽的《丑妇赋》（伏俊连《敦煌赋校注》，甘肃人民出

版社 1994 年版，第 316—325 页；张锡厚《敦煌赋汇》，江苏古籍出版社 1996 年版，第 295—303 页），明代散曲更有徐渭的《嘲妓张丑儿》及无名氏的《丑妓》、《嘲丑妓》、《丑妓》（套数）等（此据谢伯阳编《全明散曲》，齐鲁书社 1994年版，第二册第 2292—2293 页，第四册第 4627 页、第 4733页，第五册第 5264—5265 页），几乎算得上存在一个文学小传统。若照当今女权主义的视角来看，此系列的作品实有女性歧视之嫌。唯此不属于本书主题，姑置不论。

在此需要特别拈出来专门讨论的，是最后"身若胃（猬）棘，必好抱区（躯）。口臭腐鼠，必欲钳须"这几句，"抱躯"很容易理解，只是"钳须"有点含糊，竹书整理者以为"疑谓与贴面亲近"（《北京大学藏西汉竹书》[肆]，第62 页），似未尽准确。我觉得就字面来说，"钳须"可解为（用嘴巴）夹住（对方）胡子，大约是为了迁就押韵而造的词；此承上句"必好抱躯"而言，应即指亲吻的意思——不过当是唇吻而非舌吻就是了。则这几句话的大意就应该是：身子像带刺的刺猬，却喜欢抱抱，口臭像腐烂的死老鼠，却喜欢亲亲。

《妄稽》的抄写年代自然要晚于《合阴阳》《天下至道谈》，但实际上我们也很难判断其准确的写作年代。似不妨将三者并列，都视为中国文献中确定有关接吻的最早记录。

五、有图有真相 汉墓画像石举例

在中国接吻史问题上，关于接吻的图像似乎是仅有的严肃研究。

这是因为，关于接吻的图像，皆见于考古出土的汉代画像石里，从属于考古或美术研究，有相当"正当"的研究理由。这方面的论文，我所见的主要有三篇：杨泓《中国古文物中所见人体造型艺术》(《文物》1987 年第一期)；杨爱国《汉画像石上的接吻图考辨》(《四川文物》1994 年第四期)；武利华《汉画像石"秘戏图"研究》(《中国汉画学会第九届年会论文集》上册，中国社会出版社 2004 年版)。尤以末一种后出，引据更为丰富。

以下就主要参考武利华《汉画像石"秘戏图"研究》一文，排比汉墓画像石所见的接吻图如下：

一、徐州出土（汉），现藏徐州汉画像石馆（未正式发表；此据武利华《汉画像石"秘戏图"研究》）。

图中人脸正面向外，但为了表现两人接吻，将两人突出的唇部或舌头画在脸侧，完全违反了透视原则。

二、安徽灵璧县九顶镇出土（东汉），现藏灵璧县文物管理所（《中国画像石全集》第 4 卷《江苏、安徽、浙江汉

画像石》，汤池主编，河南美术出版社 2000 年版，第 138 页，
图版说明第 60 页)。

此图似是表现男女在椅子状物旁边的交媾行为，但不
能确定，唯接吻行为则甚明显。人脸仍嫌过于正面，但两人
分别向对方微微侧倾，显得比前一图要合理些。为了显示接
吻，两人唇间特意画一扁小形状以代表舌头。

三、山东莒县沈留庄出土，现藏莒县博物馆（未正式发
表；此据杨爱国《汉画像石上的接吻图考辨》、武利华《汉
画像石"秘戏图"研究》)。

此图两人相向，侧面向外，造型合理。但细节不清晰。

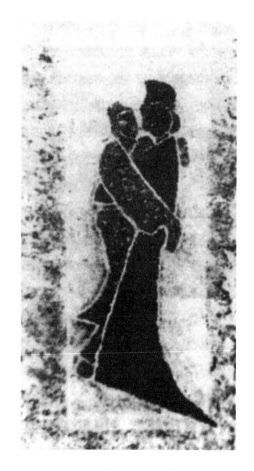

四、河南方城县城关镇出土，现藏方城县博物馆（未正式发表；此据武利华《汉画像石"秘戏图"研究》）。

此图属于拥抱图，男女造型亲昵，或表示将欲接吻的状态。

　　五、四川彭山崖墓出土（**东汉**），现藏故宫博物院（《中
国画像石全集》第 7 卷《四川汉画像石》，高文主编，第 18
页，图版说明第 6 页）。

　　左方人物端坐，侧面向外，右方人物斜对而坐，抱而吻
之。似乎是吻在脸侧，有点强吻的感觉。

　　六、四川乐山麻浩大地湾崖墓出土（**东汉**），原址保存
（《中国画像石全集》第 7 卷《四川汉画像石》，第 6—7 页，

图版说明第 2—3 页）。

两人皆侧面向外，作完全对称的拥抱接吻状。

七、四川荥经县出土（**东汉**），现藏荥经县严道古城博物馆（《中国画像石全集》第 7 卷《四川汉画像石》，第 88—89 页，图版说明第 36 页）。有研究者认为"此图为中国最早的接吻图"（高文、高成刚编著《中国画像石棺艺术》，山西人民出版社 1996 年版，第 18 页）。

此图是明显的"室内戏"。男女盘腿而坐，相向拥吻。

特别需要说明的是，完整的画面包括左右对称的两室，接吻男女处于左侧室内，两室间以一门相隔，有一人倚门而立——有可能是表示仆人在偷听主人的动静，这在后世春宫画中是相当常见的创意。试举数例：

（此见［荷］高罗佩《秘戏图考——附论汉代至清代的中国性生活》扉页版图六，广东人民出版社1992年版）

（此见福田和彦《中国春宫画》中文版，芳贺书店发行，第 136 页）

从汉墓画像到清代春宫，有了这个"第三者"，不论是内涵，还是构图，就顿时显得生动起来。

八、陕西绥德白家山出土，现藏绥德汉画像石展览馆（原载《绥德汉代画像石》，陕西人民美术出版社 2001 年版；此据武利华《汉画像石"秘戏图"研究》）。

此图右下角有男女相对而坐，就造型来看，应是男子在右坐于下，而女子在左坐于男子身上。这个姿势，论者以为即《素女经》所谓"鹤交颈"的姿势（*武利华《汉画像石"秘戏图"研究》*）。但仔细观察其姿态，女方正单手抚男方的脸作亲吻状，似乎更近于《洞玄子》所谓"乃男箕坐，抱女于怀中。于是勒纤腰，抚玉体，申嬿婉，叙绸缪，同心同意，乍抱乍勒，二形相搏，两口相嗋"的前戏方式（关于《素女经》《洞玄子》的文本出处见下文）。

汉墓画像石所见的这些接吻图，代表着什么意思呢？

简单说，不论中外，古人都相信死后世界是生前世界的延续，所谓"祭如在，祭神如神在"，所谓"事死如事生"。活人要交欢，亡者也要，活人要接吻，亡者也要。所以，作为墓葬一部分的画像也就会有表现接吻的造型，这跟今日在拜祭祖先时烧纸制裸女或请活人跳艳舞是一个道理。

——但也因此，在大量出土的汉画像石里，接吻图只有极少数，显然不属于汉墓造像的"主流叙事"。毕竟在安葬先人时，敢于"不正经"的人毕竟也只有极少数。

关于接吻图，似乎没有太多的话可讲。图像胜在直观，但毕竟成于往古，没有"高清"效果，可以解读的信息有限。再说了，套用托尔斯泰的名言，"性福的家伙都是相似的"，性爱的技巧万变不离其宗，而接吻的造型更是大同小异，古往今来尽此，我们还想从中了解什么呢？

六、闺房之私 房中术的呈现

关于汉墓接吻图，实际上还有一个遗留问题：此前的研究者，多强调接吻图与房中术的关联（参杨泓《中国古文物中所见人体造型艺术》；杨爱国《汉画像石上的接吻图考辨》；武利华《汉画像石"秘戏图"研究》）。这类判断大抵不错。

因为这一理由，作者径将这类造型归入传统表示性爱的"秘戏图"范围，则有学者表示商榷之意（顾森《渴望生命的图式——汉代西王母图像研究之一》，收入陆志红主编《西王母文化研究集成·论文卷》下卷，广西师范大学出版社2008年版）。对此，我以为就图像直观来说，"秘戏图"之称确不够精准，称为"接吻图"是更恰当的；但中国传统将接吻视为房中秘戏的一部分，也是事实，故虽嫌不够准确，似也不算错误。

为了补充证明接吻与秘戏（房中术）的特殊联系，兹排

比历代房中书的有关记录如下。惟马王堆竹简《合阴阳》有
"相响""徐响"的描述，《天下至道谈》也有同源的"徐响"
条文，具体引证已见前第三部分，这里就不再重复了。

托名素女教授黄帝的《素女经》有云：

> 口当妇人口而吸气，行九九之道讫，乃如此。(《医
> 心方》卷第二十八"临御第五"；参叶德辉辑《素女
> 经》，收入《双梅景闇丛书》)

"口当妇人口而吸气，行九九之道"，当有采补养生的用意。

又同样托名玄女教授黄帝的《玄女经》有云：

> 黄帝曰："善哉！女之九气，何以知之？"玄女曰：
> "伺其九气以知之。女人大息而咽唾者，肺气来至。鸣
> (呜)而吮人者，心气来至。……"(《医心方》卷第
> 二十八"九气第十一"；参《秘书十种》，[荷]高罗佩
> 《秘戏图考——附论汉代至清代的中国性生活》附录。
> 按：叶德辉《双梅景闇丛书》未辑《玄女经》)

"女之九气"，指女子情绪逐渐高涨时的不同反应，则所谓
"呜而吮人者，心气来至"，就是指女子此时本能地索吻。

又《玉房秘诀》有云：

> 取气者，九浅一深也，以口当敌口，气啐以口吸，微刉（？）二无咽之，致气以意下也。（《医心方》卷第二十八"治伤第廿"。参叶德辉辑《玉房秘诀》，收入《双梅景闇丛书》）

"以口当敌口，气啐以口吸……"，指接吻而采其气。

又《玉房指要》有云：

> 彭祖曰："……又五藏之液，要在于舌。赤松子所谓玉浆，可以绝谷。当交接时，多含舌液及唾，使人胃中豁然如服汤药，消渴立愈，逆气便下，皮肤悦泽，姿如处女。道不远求，但俗人不能识耳。"（《医心方》卷第二十八"养阳第二"。参叶德辉辑《玉房指要》，见《双梅景闇丛书》）

"五藏之液，要在于舌……"，是详细地介绍通过接吻以求补益的"原理"。

又《洞玄子》有云：

……同心同意，乍抱乍勒，二形相搏，两口相嗎。男含女下唇，女含男上唇，一时相吮，茹其津液。或缓啮其舌，或微齚其唇，或邀遣抱头，或逼命拈耳。抚上拍下，嗎东啞（咂）西。……（《医心方》卷第二十八“和志第四”。参叶德辉辑《洞玄子》，见《双梅景闇丛书》；另参《秘书十种》，［荷］高罗佩《秘戏图考——附论汉代至清代的中国性生活》附录）

由唇而舌，由浅而深，对接吻形容之详细，我想绝对算得上罕有了（参第五部分有关陕西绥德白家山画像石所见接吻图的论述）。《洞玄子》尚有其他“鸣口嗍舌”之类描述亲吻的词语，此略。

以上列举的《素女经》《玄女经》《玉房秘诀》《玉房指要》及《洞玄子》，都见于丹波康赖辑录的《医心方》卷第二十八，其书完成于日本永观二年（公元984年，当宋太宗雍熙元年）。此类房中书皆佚名之作，成书年代不易确定。据叶德辉考订，《隋书·经籍志》有《素女秘道经》《玄女经》，《日本国见在书目录》有《素女经》；又《隋书·经籍志》有《玉房秘诀》，《新唐书·艺文志》有《冲和子玉房秘诀》(《新刊素女经序》《新刊玉房秘诀序》《新刊洞玄子序》，皆见《双梅景闇丛书》)。则这些房中著作，大抵可以相信是中古以前的文本，而由内容来看，更可前溯至西汉马王堆房中书《合阴阳》和《天下至道谈》。这样的话，我们可以将秦至中古时期视为房中术定型的阶段，而汉画像石所见的接吻图多出现在东汉时期，正与房中术的发展相出入。那么，借用王国维的话，我们取汉画像石与房中著作相印证，也不妨谓之中国接吻史的"二重证据法"了。

由以上房中著作对接吻的描摹，辅以画像石的接吻图，我以为可以得到两点大的认识：

第一点，在古代中国，接吻的存在完全可以确定，但接吻是从属于性行为的一部分，只限于在私密状态中进行。《汉书·张敞传》有个著名的轶事："……常为妇画眉，长安中传张京兆画眉妩。有司以奏敞，上问之，对曰：'臣闻闺房之内，夫妇之私，有过于画眉者。'上爱其能，弗备责也。"是接吻当亦属于"夫妇之私"，惟"闺房之内"所宜行。这与现代人视接吻为一种公开或半公开的示爱方式是不同的。

第二点，古代中国人之重视接吻，经常是为了采阴补气以达到养生的效果，即接吻又是从属于房中术的一部分——跟行气、炼丹、本草一样，房中术也是时人企望获得长生的路径之一。但从中外的接吻史来看，我们不难理解，绝非中国人为了养生才发明了接吻，中国人必定早就熟悉了接吻，而后起的养生学才将其长生想象附着于接吻这一行为。

这种寄托了长生神话的房中术，在后世一直延续不绝。兹录有关接吻的例子于此：

甄鸾是北周时同情佛教的历数家，其《笑道论》"道气合气三十五"有云：

> ……臣年二十之时，好道术，就观学。先教臣《黄书》合气，三五七九男女交接之道，四目两舌正对，行道在于丹田，有行者度厄延年。教夫易妇，唯色为初，父兄立前，不知羞耻，自称中气真术。今道士常行此法。以之求道，有所未净。（《广弘明集》卷第九；此据《秘书十种》附录，［荷］高罗佩《秘戏图考——附论汉代至清代的中国性生活》附录）

东汉末年勃兴的道教，吸收了此前民间庞杂的种种旧法术，包括房中术在内，北魏寇谦之整顿天师道时斥之为"三张伪法"。甄鸾在此所说的"合气"之术，也正是寇谦之所指斥的现象。所谓"四目两舌正对"，足见这种"合气"实为一种特殊的性爱方法，包括接吻在内。

唐代孙思邈《千金要方》第八十三卷有云：

若御女多者，可采气。采气之道，但深接勿动便，良久气上面热，以口相当，引取女气而吞之。……（此据《秘书十种》，［荷］高罗佩《秘戏图考——附论汉代至清代的中国性生活》附录）

又一条云：

仙经曰：令人长生不老，先与女戏，饮玉浆。玉浆，口中津也。使男女感动……（此据《秘书十种》，［荷］高罗佩《秘戏图考——附论汉代至清代的中国性生活》附录）

佚名《素女妙论·五欲五伤篇》有云：

……援吐舌相偎者，令男子动情，兴之候也。……（此据《秘书十种》，［荷］高罗佩《秘戏图考——附论汉代至清代的中国性生活》附录）

以上自唐至明诸例，内容无非剿袭旧房中养生的老调，只是房中术的末流了。故存而不论可也。

七、亲亲宝贝 佛教译经的"呜"

约略与房中书形成的同一时代，出现了一种新的文献类型，即自域外引入的佛经。因佛教在世俗的势力庞大，佛经翻译蔚为大观，而佛经中隐含的社会生活信息实甚丰富，我们从中也能发现有关接吻的片言只语。

西晋竺法护译《生经》第十二篇《舅甥经》，大抵讲一个聪明的小偷，不仅一再逃脱国王的抓捕，更将计就计，与公主一夜风流，成其好事；最终国王无可奈何，亦服其机智，遂以公主嫁之。其中有此一段：

> 女即怀妊，十月生男，男大端正。使乳母抱行，周遍国中，有人见与呜嗽者，便缚送来。抱儿终日，无呜嗽者。……

这是说国王安排乳母抱着小偷与公主所生之子游走国中，

欲借此捉捕小偷。由上下文看，所谓"呜嗽"应即亲吻的意思。

又《大般涅槃经》（北凉天竺三藏昙无谶译）卷第十六梵行品第八之二，讲一婆罗门女丧其独子，哀痛过甚，成了疯子，此时遇到佛祖：

> ……是时女人即得见我，便生子想，还得本心，前抱我身，呜唼我口。……善男子，我于尔时实非彼子，彼非我母，亦无抱持。善男子，当知皆是慈善根力，令彼女人见如是事。

这是说，疯女人见到佛祖，即将佛祖当作己子，抱而"呜唼我口"，同样表示亲吻。

钱锺书曾详引《舅甥经》全文，并对这个"呜"字有详细引证和解说：

> "呜"即亲吻，只要看《杂譬喻经》第二十二则："道士便抱其妇咽（颈）共呜，呜已，语婆罗门言：'此是欲味。'"或《大智度论》卷二六《释初品·释十八不共法》："化作天身小儿，在阿阇世王抱中，王呜其口，与唾令嗽。"和"嗽"字连结一起，意义更显明。

《说文·欠部》段注说"嗷"是"会意兼形声"字，又
引《广韵》："欨嗷、口相就也。"换句话说，正是《清
平山堂话本·刎颈鸳鸯会》和明清白话小说里所谓"做
个'吕'字"。《世说新语·惑溺》"儿见充喜踊，充就
乳母手中呜之"，也是这个意义，通常解释为"抚弄"，
想是根据《晋书·贾充传》"就而抚之"来的，很不确
切。(《一节历史掌故、一个宗教寓言、一篇小说》，《七
缀集》，生活·读书·新知三联书店 2002 年版)

此外，专攻中古文献和语言的吴金华也对"呜"有专门考
证。他先详引佛经用例：

> 旧题康孟祥译《兴起行经》卷上："王礼佛已，手
> 捉佛足，摩拭口呜。"又："以手摩足，以口呜之。"
> 吴·支谦译《菩萨本缘经·兔品》："抱置膝上，对之呜
> 唼。"西晋·竺法护译《生经·佛说负为牛者经》："牛
> 径前往趣佛，屈前两脚，而呜佛足，泪出交横。"姚
> 秦·竺佛念译《出曜经·道品》："是时调达复作念：
> 吾今宁可作婴孩小儿，形貌端正……在阿阇世太子膝
> 上，或笑或号，现婴儿能，然太子阿阇世犹知是调达
> 身，终日玩弄，无有厌足，或呜、嗽、唾，或擎身转，

左右手中。"

再引佛经之外的文献相印证：

> 《世说新语·惑溺》："儿见（贾）充喜踊，充就乳
> 母手中呜之。"程炎震说："'充就乳母手中呜之'，《晋
> 书》充传作'充就而抌之'。"周祖谟先生说："呜之者，
> 亲之也。"新《辞源》引此例而释"呜"为"抚弄"。
> 按："呜"当读为"歍"，《广韵·上平声十模》："歍，口
> 相就也，哀都切。"（《佛经译文中的汉魏六朝语词零
> 拾》，《古文献研究丛稿》，江苏教育出版社 1995 年版）

钱、吴二氏皆旁征博引于文献，充分说明"呜"的基本辞义
及其广泛使用。但由其举证来看，似多指亲爱之吻（亲子）
或敬爱之吻（礼仪），是不是只限于此，而不包括性爱之吻
呢？此又不然。

佛经里有位跋难陀，又作邬波难陀（梵文 upananda），
与难陀（梵文 nanda）两兄弟皆为释姓王种，聪明善学，但
却多欲不义，他们的恶行是释迦制定戒律的因缘之一。义净
译小乘律经《根本说一切有部毗奈耶》卷第三十八"覆藏他
罪学处第五十"讲到：邬波难陀与达摩同在一僻静处修行，

但心不能安:

> ……还从座起,周回四顾,见一女人毁篱欲入。……即从座起。既至彼已,问言:"少女,何意毁篱?"女人便笑。时邬波难陀染心遂起,即便捉臂,遍抱女身。呜咂其口,舍之而去。

又同是义净译的《根本说一切有部苾刍尼毗奈耶》卷第十四"覆藏他罪学处第三十五"也有相同故事,只是文字有异:

> ……时有女来,邬波难陀染心遂起,即便捉臂,遍抱女身。呜咂其口,舍之而去。

这是说,邬波难陀凡心不定,见到陌生女子来到近处,便忍不住上前熊抱狼吻——两种文本不同,但关键处皆作"呜咂其口",在此,"呜"自然是指男女之吻了。

事实上,以"呜"表示男女亲吻者,尚有其例。同样是专攻中古语言问题的万久富,也讨论过此字含义,他除了举出《根本说一切有部毗奈耶》一例(但未及《根本说一切有部苾刍尼毗奈耶》),另指出:

　　姚秦佛陀耶舍所译《四分律》卷二云："语言：'大妹，可来入房看。'将至房中，捉扪鸣口。"又卷二十七云："时彼居士，先行不在，后还行至家内，卒见偷罗难陀（比丘尼），意谓是己妇，即便就卧，手捉扪摸鸣口。……"又卷四十九又云："时有比丘尼在白衣家内住，见他夫主共妇鸣口扪摸身体，捉捺乳。"（《释"鸣足"》，《文史语言研究丛稿》，中国社会科学出版社2013年版）

在此数例中，"鸣"的对象是"大妹"或比丘尼，显然是成人之吻了。

　　佛经讲的虽是古印度的事情，但翻译用词，自然也折射了中国本土的事物。我们不要忘了，前一章所引房中书《玄女经》里，就有一句"鸣而吮人者，心气来至"，《洞玄子》也有"鸣口嘣舌"之语，正可与《根本说一切有部毗奈耶》《根本说一切有部芯刍尼毗奈耶》所见的词例相印证。很明显，"鸣"是泛指亲吻，也包括带有性爱意味的吻。

　　最后，据王连冬《从汉译〈华严经〉看佛典汉译的原则——以"阿梨宜"与"阿众鞞"为中心的考察》一文（《吴越佛教》第十卷，人民出版社2015年版），附带介绍一个相关个案。

　　《华严经·入法界品》载善财童子遍游诸城，参访大善知识，其中有一位身份极为特殊，是在家奉佛的女子婆须蜜多。此女是成就佛法者，却以妓女相示人，她对善财童子谈修持佛法，也是现身立说，以男欢女爱的层层递进为譬。最早的东晋佛驮跋陀罗译本云：

　　……若有众生，欲所缠者，来诣我所，为其说法，皆悉离欲，得无著境界三昧；若有见我，得欢喜三昧；若有众生与我语者，得无碍妙音三昧；若有众生执我手者，得诣一切佛刹三昧；若有众生共我宿者，得解脱光明三昧；若有众生目视我者，得寂静诸行三昧；若有众生见我频申者，得坏散外道三昧；若有众生观察我者，得一切佛境界光明三昧；若有众生阿梨宜我者，得摄一切众生三昧；若有众生阿众鞞我者，得诸功德密藏三昧。如是等类一切众生来诣我者，皆得离欲实际法门。（《大方广佛华严经》卷五十"入法界品第三十四之七"）

　　从"来诣我所"，到"见我"，再到"与我语"……都是当时的白话，不算太难理解，只是后面的"阿梨宜""阿众鞞"，则显然是音译，什么意思呢？法藏《华严经探玄记》卷十九有云："阿梨宜者，此云抱持摩触，是摄受之相。""阿众鞞者，此云鸣口，得言教密藏之定。"原来，"阿梨宜"就是拥抱，"阿众鞞"就是"鸣口"，也即接吻。这个早期译本故意采用音译，以免涉嫌情色。

不过，后来唐代的两种译本却不再顾忌，照样直译了过来。实叉难陀译本这两句作：

> 若有众生抱持于我，则离贪欲，得菩萨摄一切众生恒不舍离三昧；若有众生唼我唇吻，则离贪欲，得菩萨增长一切众生福德藏三昧。（《大方广佛华严经》卷第六十八"入法界品第三十九之九"；按：般若译本此处照抄实叉难陀，见其《大方广佛华严经》卷第十五"入不思议解脱境界普贤行愿品"）

从不知所云的"阿众鞞"，到直白的"唼我唇吻"，似乎透露出中古以后性爱风气趋于开放的时代变迁。

八、大唐大制作 《游仙窟》与《大乐赋》

唐代出现了两大情色名作：一系《游仙窟》，久佚于中土，近代始由日本回流；一系《天地阴阳交欢大乐赋》，由伯希和发现于敦煌莫高窟藏经洞。《游仙窟》性质已同于后来的传奇，但多作骈俪语，《大乐赋》更完全采用赋体，皆未脱中古文学的作风。

《游仙窟》作者署张文成，大约可以相信为唐初张鷟之作。因作者姓张，乃暗用张骞寻河源的故典，自述其探望积石山神仙窟，遇美女五嫂、十娘，三人宴饮调笑，渐入佳境，最后与十娘成其好事。这可谓中古遇仙传说的一个艳情版。

其中写他与十娘调情的过程：先是"两人对坐，未敢相触"，遂赋诗言志：

千看千意密，一见一怜深。但当把手子，寸斩亦甘心。

也就是求牵手。等牵了手，又要求：

> 千思千肠热，一念一心焦。若为求守得，暂借可
> 怜腰。

也就是求抱腰。等抱了腰，又要求：

> 腰支一遇勒，心中百处伤。但若得口子，余事不
> 承望。

也就是求亲嘴，"余事不承望"，保证亲完嘴就算了。十娘此时似嗔还喜，"口子郁郁，鼻似熏穿；舌子芬芳，颊疑钻破"。也就是口舌生香，已自情热，经五嫂一旁捉弄撮合，终于以诗作答：

> 素手曾经捉，纤腰又被将。即今输口子，余事可
> 平章。

意思似乎是：既然被吻了，"余事可平章"，其他也可商量，

还有啥好拒绝的呢?

——这番描绘,大略可见当时调情的一套"规定动作",照学问家的说法,就是"男主角的挑逗和女主角的半推半就"(李时人《游仙窟校注·前言》,中华书局2010年版)。但说起来,得寸进尺,步步深入,本是男子求欢的通例,古今都免不了的;倒是他能吟诗示意,先礼后兵,实际上极是符合今日所谓"性同意"的宗旨呢。由手而腰而唇,可见接吻在调情里是很关键的一步,到了接吻这一步,已是轻舟已过万重山,接下来的场景也就水到渠成:

> 于时夜久更深,情急意密。鱼灯四面照,蜡烛两边明。十娘即唤桂心,并呼芍药,与少府脱靴履,叠袍衣,阁幞头,挂腰带。然后自与十娘施绫被,解罗裙,脱红衫,去绿袜。花容满目,香风裂鼻。心去无人制,情来不自禁。插手红裈,交脚翠被。两唇对口,一臂支头。拍搦奶房间,摩挲髀子上。一咂一意快,一勒一心伤……(以上据李时人、詹绪左《游仙窟校注》,第1—36页。参汪辟疆校录《唐人小说》,中华书局1959年新1版,第19—36页)

"两唇对口",应是指前戏时相吻,而"一咂一意快",当是指交欢时咬吻了。

至于《天地阴阳交欢大乐赋》，作者署白行简，即白居易之弟。白行简的诗文自不能望其兄之项背，所撰传奇《李娃传》亦已散佚，在文学史上声名不显；不料千余年后，就凭一篇《大乐赋》，却足以在文化史占得一席之地。

《大乐赋》在中国文学史上可谓绝无仅有，若说《金瓶梅》《肉蒲团》是白话情色文学的高峰，《大乐赋》显然可称赋体情色文学的高峰。或称之曰"中国的《爱经》"，良有以也。整篇赋融贯了理念和想象，内容繁杂，在此仅列举有关接吻的若干段落。如：

> 男含女舌而男意昏昏。

又云：

> 然更乌（呜）口嗍舌，磹䑎高抬。……舌入其口，蠡刾（刺）其心。

注意，此处的"乌（呜）口嗍舌"，应是直接沿袭了《洞玄子》的"呜（呜）口嗍舌"。以上只是写与正室的段落，下文写与姬妾的段落又云：

> 含妳嗍舌，抬腰束脒（膝），龙宛转，蚕缠绵，眼
> 瞢瞪，眼蹁跹。……或含口嗍。

又写夫妇的日常生活，春季部分有云：

> 枕上交头，含朱唇之诧诧；花间接步，握素手之纤
> 纤。（以上据叶德辉编《双梅景闇丛书》。参伏俊连《敦
> 煌赋校注》，第245—285页；张锡厚《敦煌赋汇》，第
> 241—268页）

这应是写日常一般表示亲昵的接吻。

《游仙窟》长达万余字，《大乐赋》亦有数千字，照现代
标准似不算长，但照古人标准，显然都是巨制，堪称中国情
色文学史上"大制作"了。而在这两部情色经典里，接吻的
场景都够抢眼的了。

九、不登大雅之堂 诗词曲歌举例

　　《游仙窟》《大乐赋》固然是"大制作",却是另类之作,而非主流之作。而唐诗宋词,世所艳称,万口相传,却似乎没有关于接吻的作品——"说有易,说无难",不敢说绝对没有,至少是我所不知。

　　事实上,不止唐诗宋词,唐宋以来,在诗词体裁的作品里(章回小说、春宫画所附诗词除外),以我所见,涉及接吻者也寥寥无几。

　　据辽朝翰林学士王鼎《焚椒录》(收入虫天子编《香艳丛书》三集卷二)载,当时重臣耶律乙辛有意推倒懿德皇后(萧观音)及其外家的势力,遂"命他人作十香淫词",让宫女单登假托为宋人之作,请皇后欣赏抄写,"后读而喜之,即为手书一纸,纸尾复书已所作怀古诗一绝"。乙辛即据此让单登诬告皇后与伶人赵惟一私通,造成冤案。此事件的真伪及相关细节,包括《十香词》的作者,今已无从考证(参姚从吾《辽道宗宣懿皇后十香词冤狱的文化的分析》,《姚从吾先生全集》第五集，台湾正中书局1981年版），在此我们只讨论诗的文本。

此《十香词》系由十首五绝构成的组诗，原文如下：

青丝七尺长，挽作内家妆。不知眠枕上，倍觉绿云香。

红绡一幅强，轻阑白玉光。试开胸探取，尤比颤酥香。

芙蓉失新艳，莲花落故妆。两般总堪比，可似粉腮香。

蟠蛴那足并，长须学凤凰。昨宵欢臂上，应惹领边香。

和羹好滋味，送语出宫商。安知郎口内，含有煖甘香。

非关兼酒气，不是口脂芳。却疑花解语，风送过来香。

既摘上林蕊，还亲御苑桑。归来便携手，纤纤春笋香。

凤靴抛合缝，罗袜卸轻霜。谁将煖白玉，雕出软钩香。

解带色已战，触手心愈忙。那识罗裙内，销魂别有香。

咳唾千花酿，肌肤百和装。无非瞰沉水，生得满身香。（参陈衍《辽诗纪事》卷四；按：明周嘉胄《香乘》卷二十七"十香词"引此）

这组诗的特点，是描摹了女性身体十个部位的香气，依次是：头发、乳房、脸颊、颈项、舌、唇、手、足、阴部、全身。其格调虽不甚高，但借女性体香自侧面写男欢女爱，却甚有创意。其中第五首"安知郎口内，含有煖甘香"，当是暗写接吻，并且是舌吻。潘光旦即据此指出中国古代已有舌吻的（《性心理学》第二章注［44］、［60］，第87页、第89—90页。另参第二部分的论述）。

清人孙原湘又有题为《个人》的组诗：

个人第一是青丝，委地春云挽髻迟。记得刺桐花下等，水晶帘外日斜时。

个人第一是双蛾，淡扫春山不费螺。自识玉郎心事重，展时偏少蹙时多。

个人第一是星眸，载得聪明又载愁。只许消魂人自觉，暗传心事不抬头。

个人第一是双腮，酒晕微涡笑靥堆。一缕睡情支不住，红云飞上眼梢来。

个人第一是朱樱，匿知褰帷皓齿呈。翻道诗人莲舌好，愿通花气过聪明。

个人第一是兰胸，菽发凝脂隐约中。一袜红裆严结束，却逢郎手自通融。

个人第一是春纤，亲替檀奴熨指尖。丁嘱避嫌心事切，人前卮酒莫同拈。

个人第一是双莲，风韵行来步步妍。可记暗中金钿落，绣鞋香气泊人肩。（《天真阁外集》卷四，《天真阁艳体诗》，台湾新文丰出版公司1980年影印版；王培军点校《孙原湘集》，人民文学出版社2019年版，下册第1694页）

"个人"，即那个人。这组诗则是从女子的头发、眉、眼、脸颊、唇、乳房、手指、足八个部位入手，以排比的结构，分别写出意中人日常的神态或性爱时的动态，与《十香词》颇有相通之处。其中第五首"翻道诗人莲舌好，愿通花气过聪明"，是借女子口吻表示，想通过接吻吸取"诗人"伴侣的聪明。这当然是描摹舌吻了。

词的文本，我也只见到两例。一是明代李在躬的《点绛唇》：

> 殢雨尤云，靠人紧把腰儿贴。颤声不彻，肯放郎教歌！　檀口微微，笑吐丁香舌。喷龙麝，被郎轻啮，却更嗔郎劣。（见褚人获《坚瓠集》八集卷之一"幽欢词"条；此据谭正璧《诗歌中的性欲描写》之六，上海古籍出版社 2012 年版，第 266 页）

一是身世不详之尼姑素琴的《点绛唇·咏幽欢》：

> 墙阴（？）花浓，眼波斜度兜心事。绿杨摇曳，凑着东风意。　笑吐丁香，羞颤双眸闭。娇无那，浅迎深递，搅乱香堆里。（此据谭正璧《诗歌中的性欲描写》之六，第 268 页）

第一首"殢雨尤云"云云，是写欢爱时；第二首"墙阴花浓"云云，则是写幽会时。而第一首的"檀口微微，笑吐丁香舌。喷龙麝，被郎轻啮，却更嗔郎劣"，第二首的"笑吐丁香，羞颤双眸闭。娇无那，浅迎深递，搅乱香堆里"，则显然都是描画舌吻的。两词皆有小曲意味，异于文人词，而形容生动，如在目前，称得上极有画面感。至于"笑吐丁香舌""笑吐丁香",本指女子口含丁香以清新口气,引申为表示接吻的惯用修辞。

这两位作者,在中国文学史上皆未入流品,无籍籍名;但在中国风月史上,我以为这两首词皆是难得的佳作,值得大书特书。

此外,明代春宫画中的配词,也有写到接吻的。如《青楼剟景》第一阕词《玉连环》上阕:

> 两体相亲成合抱,圆融奇妙。交加上下互扳缘,亲罢嘴儿低叫。(此据〔荷〕高罗佩《秘戏图考——附论汉代至清代的中国性生活》,第209—210页)

还有一例值得附带讨论。屈大均诗《荔枝(十六首)》之四云:

> 月中不辩赤瑛盘,笑揽飞琼仔细看。君欲身轻成大药,莫辞多啮女唇丹。(陈永正等《屈大均诗词编年校笺》卷五,上海古籍出版社2017年版,第二册第521页;按:此承程羽黑见告)

此处第四句"莫辞多啮女唇丹"显然是接吻的意思。程羽黑君指出，屈诗语出汉《柏梁诗》"啮妃女唇甘如饴"。不过，"啮妃女唇"云云，无法确定是指（汉武帝）咬妃女之唇的意思，似乎更可能是承上文指饮食而言，表示妃女吃得自己舔嘴的意思；也就是说，屈大均应是有意无意地误读了《柏梁诗》，而借"啮妃女唇"这个古典，来表示凭接吻以采补的含义。

同属韵文体裁，诗词之外，见于散曲似较多些。

宋人组曲《风月笑林（嘲戏绮谈）》有多首涉及接吻。《阮郎归·咏妇人着相》：

> 当初相见小孩儿，腰肢一捻儿。走来花下拍蜂儿，偷闲做口儿。（刘崇德编《全宋金曲》，中华书局 2020 年版，上册第 207 页）

又《忆故人·嘲打吕咬碎舌》：

> 风流好事人皆悦，得恁地，疏狂拙。舌尖咬破浑闲纵，有语如何说。王孙今夜偎香雪，且得恁，娇性劣。凤帏深处痛怜时，闭口深藏舌。（《全宋金曲》，上册第 208 页）

又《黄莺儿令·口儿咬舌》：

失笑，有个孤儿去买俏，抱定奴哥做口儿，却因甚，把舌头便咬。孤儿恶发连声叫，唬得奴哥连忙分剖告，官人念妾酒后昏迷，错认是鸟。(《全宋金曲》，上册第 211 页)

又《如梦令·相遇偷期》：

那日回廊曲处，略略与伊相聚。相传苦匆匆，只得霎时云雨。且住，且住，做个口儿却去。(《全宋金曲》，上册第 212 页)

以上诸例，从上下文来看，第一例"做口儿"、第四例"做个口儿"显然即指接吻，还有第二例"嘲打吕咬碎舌"的"打吕"，应该也指接吻——这样的话，明清小说里以"做个吕字"代表接吻的修辞（详见下文第十一部分），就可以追溯到宋代了。至于第二例的"咬碎舌"、第三例的"口儿咬舌"，似乎都是描述女方舌吻时用力过猛，此可谓之"过度接吻"了。

元代关汉卿有首著名的小令，《仙吕·一半儿·题情》

四首之二：

> 碧纱窗外静无人，跪在床前忙要亲。骂了个负心回转身。虽是我话儿嗔，一半儿推辞一半儿肯。

此曲刻画女子的欲拒还迎甚为经典，而"忙要亲"的"亲"，想必就是亲吻的意思。如果说这首曲子还嫌含糊，再看他另一首《双调·新水令》：

> 【收江南】好风吹绽牡丹花，半合儿揉损绛裙纱。冷丁丁舌尖上送香茶。都不到半霎，森森一响遍身麻。

"冷丁丁舌尖上送香茶"，显然是调情时舌吻的花样了。不过，这句小令看似简单，尚另有曲折。

　　——白维国指出，《金瓶梅词话》里屡屡提到"香茶"，并非指一般饮料，而是一种香料，含在口中用于清新口气；元代乔吉有首小令《双调·卖花声·香茶》，描绘的正是这种香料（《金瓶梅风俗谭》，商务印书馆2015年版，第380—382页）。由彼例此，关汉卿笔下的"香茶"，显然也是指元代的口香糖了，否则液体的茶，舌尖上又怎么"送"呢？详细情形，在外编《中国人的口臭问题及其解决》的第二部分再作讨论，兹不备述。

又有一首元代无名氏的小令《仙吕·赏花时》：

【煞尾】你温柔，咱清秀，本是一对儿风流配偶。咫尺相逢说上手，紧推辞不肯成头。又不敢久迟留，只怕奶母追求。料想伊家不自由，空耽着闷忧。虚陪了消瘦，不承望刚做了个口儿休。

所谓"刚做了个口儿休"，应是指匆匆相会，只亲了一下嘴吧。

明代的例子不少。如盛从周的《风情》有云：

二十年鬼病恹恹，旧恨新添，又到眉尖。香唾犹甜，尚在舌尖。（此据谢伯阳编《全明散曲》，第一册第250页）

这里的"香唾犹甜，尚在舌尖"，当然是回味接吻的意思。

又薛论道的《老风流》套曲有云：

老头儿风骚，玉美人妖娆，圈入风流套。……眼底传情，舌尖送好，不能如年少。（此据《全明散曲》，第

三册第 2732 页）

这套曲子是写老人家嫖妓，说他们"眼底传情，舌尖送好"比不上少年人，但言下之意，等于说老人也有同样的行为。

又同一作者的散曲《偷情》有云：

> 两慌忙带儿齐揪，手儿推腰儿就。胸靠胸口揾口，俏脸儿到底含羞。（此据《全明散曲》，第三册第 2745 页）

"胸靠胸口揾口"当然是描摹相对亲吻的动作了。

又张苇如的套数《咏朱唇》有云：

> 【前腔】……更添些麝兰香风味斜，只弄得美津津檀口滑，却被多情轻咶也。……
>
> 【前腔】……刚则道会撩人嘴脸叉，早配上脆丁香尖巧法，好帮衬的蛮腰也。（此据《全明散曲》，第四册第 4173—4174 页）

这首曲子刻画的对象应是风尘女子，这几句是从侧面写女子与人接吻。所谓"早配上脆丁香尖巧法"，应该也跟《点绛唇》词的"笑吐丁香舌""笑吐丁香"是类似的意思。

又卜世臣的套数《私期（翻元词）》有云：

【前腔】好风吹绽牡丹芽，尽狂蜂逗损裙纱，香茶递吻甜津化。（此据《全明散曲》，第四册第4188页）

这里的"香茶递吻"，跟关汉卿的"冷丁丁舌尖上送香茶"完全是一个意思。

比较特别的，是无名氏的一首套数《丑妓》，里面有几句：

【北南吕一枝花】……论妖娆无半米，说村丑夺头筹。甚的是典雅温柔，就里皆虚谬，人前强索口。（此据《全明散曲》，第五册第5264页）

"人前强索口"，应是指其女貌丑而向人索吻。

又清代裴恺斋的小令《北仙吕·一半儿·艳体》十六首之六：

樱桃红破唾丁香，小语低声夸玉郎，但见几回伴笑忙。漫轻尝，一半儿从情一半儿强。（凌景埏、谢伯阳编《全清散曲》，齐鲁书社2006年版，中册第1291页）

"樱桃红破唾丁香"，自是写舌吻，与前引"笑吐丁香舌""笑吐丁香"同例；"一半儿从情一半儿强"，又与关汉卿"一半儿推辞一半儿肯"的意思近似。

比散曲更为俚俗的，还有民歌。如明代有一首《箫管》：

> 紫竹儿本是坚持操，被人通了节破了体做下了箫，眼儿开合多关窍。舌尖儿舔着你的嘴，双手儿搂着你腰。摸着你的腔儿也，还是我知音人儿好。(《新锲天下时尚南北徽池雅调》卷一《精选劈破玉歌》，周玉波、陈书录编《明代民歌集》，南京师范大学出版社 2009 年版，第 174 页。按：此曲又见冯梦龙《挂枝儿》感部七卷，题作《箫》，且有另一种差别较大的版本 [《明代民歌集》，第 278 页])

这是用拟人法来写乐器，"舌尖儿舔着你的嘴"，意思再明白不过了。

晚近的民间小调，也不乏其例。如江南的滩曲《采桑》：

> 郎抱姐儿姐抱郎，金莲钩住小情郎。郎揹小脚高高起，好比揹藕上黄塘。丁香舌郎口里吐，胜如舔密[蜜]吃酥糖。(此据谭正璧《诗歌中的性欲描写》之

三，第 242 页）

又如相当流行的妓院小调《探清水河》，写少女大莲与六儿偷情，其中也有几句：

> 四更鼓儿忙，二人上牙床。大莲的舌头尖，甜（舔？）在六上堂。亲人宝贝搂着你来睡，露水夫妻不久长。（封面署《代五更·探清水河》，版本不详；按：李家瑞《北平俗曲略》所录文本作："四更鼓儿忙，二人上牙床。一夜晚景大概入睡乡，露水夫妻不久长。"［中央研究院历史语言研究所民国二十二年版，第97页］缺有关接吻两句）

这里的"上堂"，疑即"上膛"，指口腔上腭。

总观以上举例，相对来说，接吻见于诗词极罕，而见于俗曲稍多。这恐怕不是偶然的。

中国古代文学有个极深厚的传统，讲究"文以载道"，文章是写大事、讲大道理的，关乎公共事务；而"诗言志"，诗歌是表达情怀的，涉及私人事务。而广义的诗歌又有分化，如钱锺书曾指出："宋人在恋爱生活里的悲欢离合不反映在他们的诗里，而常常出现在他们的词里。……爱情，尤其是在封建礼教眼开眼闭的监视之下那种公然走私的爱情，从古体诗里差不多全部撤退到近体诗里，又从近体诗里大部分迁移到词里。"（《宋诗选注·序》，人民文学出版社1958年版）也就是说，比起传统的诗，新起的词更近于俗，更能容纳私人感情。推衍此意，我们不难明白，曲又更下于词，而民歌、小调又更下于曲，同时相应地，对大人先生视为鄙俗的成分也更能容纳。接吻之描写，绝对不见于正经的文，而稍见于不甚严肃的诗与词，更多见于低俗的散曲、民歌和小调，其故在此。

还有一点，《十香词》作者无考，但应出于辽地汉人或汉化辽人之手，总之应视为契丹统治下的创作。这样，其能脱出汉诗人所受写作传统的束缚，大胆描绘艳情，相对也就容易理解了（参《性心理学》第二章注［60］，第89—90页）。而这么算来，汉人所作诗写接吻者，仅有清人孙原湘一例而已。

孙原湘中岁高中榜眼，做了翰林院庶吉士、武英殿协修官，虽因病赋归，似未做过官，但也属标准的士绅之列了。不过，就算他作为士人能突破常情，写出《个人》那样的艳诗，仍只是收入《天真阁外集》里，而不敢收入正式的《天真阁诗集》里。

十、西门庆时代 明清小说举例

比之诗、词、曲，小说同样要下一等，大致与民歌、小调相当，是最大众最通俗的文本；而因为小说的叙事性，其受众范围恐怕比民歌、小调还要大些——二者正相当于今日的电视剧与流行歌曲。所以毫不意外，在明清小说中所见接吻的文本也是最多的。

首先看标志性的文本，《金瓶梅词话》；标志性的人物，西门庆。书中第四回写道：

> 西门庆嘲问了一回，向袖中取出银穿心金裹面盛着香茶木樨饼儿来，用舌尖递送与妇人，两个相搂相抱，如蛇吐信子一般，呜咂有声。

又第十一回：

> 那妇人见西门庆来，昵笑不止……将手中花撮成瓣
> 儿，洒西门庆一身。被西门庆走向前，双关抱住，按在
> 湖山畔，就口吐丁香，舌融甜唾，戏谑做一处。

又第十九回：

> ……搂着他两只手儿，搂抱在一处亲嘴。不一时，
> 春梅筛上酒来，两个一递一口儿饮酒咂舌，咂的舌头一
> 片声响。妇人一面撩起裙子，坐在身上，噙酒哺在他口
> 里，然后纤手拈了一个鲜莲蓬子，与他吃。

这几段都是写西门大官人与潘金莲的前戏。"盛着香茶木樨
饼儿来，用舌尖递送与妇人"，正是前述关汉卿"冷丁丁舌
尖上送香茶"、卜世臣"香茶递吻"的故智；"口吐丁香"，
自然是舌吻的文雅修辞，更不在话下；倒是"如蛇吐信子一
般，呜咽有声""舌融甜唾"这些话，才是小说特有的生猛
语言。

　　《金瓶梅》写接吻的地方自然还有，兹再举描写西门庆
死后的两例。

话说潘金莲与西门庆女婿陈经济本已有私，至西门庆猝死，丧礼过后，两人即寻机偷欢。第八十回写两人得手后，第二天一早陈经济即找借口上门找潘金莲：

> ……妇人连忙教春梅拿钥匙与经济。经济先教春梅楼上开门去了。妇人便从窗眼里递出舌头，两个咂了一回。正是：得多少脂香满口涎空咽，甜唾融心溢肺肝。有词为证：
>
> 恨杜鹃声透珠帘，心似针签，情似胶粘。我则见笑脸腮窝，愁粉黛瘦显春纤。宝髻乱云松翠钿。　睡颜酡，玉减红添，檀口曾沾。到如今唇上犹香，想起来口内犹甜。（按：《皋鹤堂批评第一奇书金瓶梅》张竹坡夹批有云："以上写品玉之词屡屡矣，此又写一咂舌，作者之才真千令百俐。"）

这里不但正文写潘金莲高难度地"从窗眼里递出舌头，两个咂了一回"，突出了"偷"的意味；然后来两句"得多少脂香满口涎空咽，甜唾融心溢肺肝"，强调其嗅觉和味觉；更系以小词"檀口曾沾。到如今唇上犹香，想起来口内犹甜"，形容接吻的回味不绝。以三重奏的方式描写了接吻，可算淋漓尽致。难怪张竹坡的批注也特别为之喝彩了。

西门庆死后，三房孟玉楼与吴月娘守寡一年，后与知县之子李拱璧偶遇生情，嫁为继室。第九十二回写陈经济勾引她，她假意应承：

> 玉楼见他发话……恐怕嚷的家下人知道。须臾变作笑吟吟脸儿，走将出来，一把手拉住经济说道："好姐夫，奴逗你耍子，如何就恼起来？"因观看左右无人，悄悄说："你既有心，奴亦有意。"两个不由分说，搂着就亲嘴。这陈经济把舌头似蛇吃燕子一般，就舒到他口里，交他咂。

"把舌头似蛇吃燕子一般"，比起西门庆与潘金莲"如蛇吐信子一般"还要生动具体些。

《金瓶梅词话》之外，其他小说描写尚多。试举几例。

明代凌濛初《二刻拍案惊奇》卷十，写到莫翁与丫鬟双荷有染，附了一首嘲笑老牛吃嫩草的小曲：

> 老人家再不把浮心改变，见了后生家只管歪缠，怎知道行事多不便。提腮是皱面颊，做嘴是白须髯，正到那要紧关头也，却又软软软软软。

这里的"做嘴"当指亲吻。可见老同志也是会接吻的。

明末醒世居士有拟话本小说集《八段锦》，共辑录八个短篇，故称"八段锦"。其第四"段"是讲邻家小弟乌云与瞎子之妇杜羞月偷情的故事，其中写到乌云调戏羞月：

> 不一时，乌云煎了银子，竟奔羞月房里来。见她瞑几而卧……。乌云见她不问，又把嘴靠在羞月的嘴边，把舌头捞一捞。羞月把头一扭，方见是乌云，忙起身道："叔叔难为你。"……辞别回家，不胜喜道："妙！舌头还是香的。这事有七八分了。"

对于接吻来说，这里的"把舌头捞一捞"，也是一个颇为生动的形容。

明末清初的《肉蒲团》主要写未央生与人妻偷情的一系列故事。第十回写到女角之一艳芳初会未央生，却让一个丑妇先做替身去守候试探：

> 妇人去大门边去伺候，等了一更多天，不见动静，只得走进房去，正要问艳芳。不想暗地之中，有人搂住他亲嘴。……

艳芳在暗中听得明白，验收合格，遂"亲自"出场。这时，她就让未央生先去"做一件紧要事"，就是"把身子洗洗，不要把别人身上的腥腻弄在我身上来"，于是：

> 未央生道："有理。果然是紧要事。我方才不但干事，又同他亲嘴，若是这等说，还该漱一漱口。"

前后都用了"亲嘴"一词。而"亲嘴"确也算表示接吻最通俗最常见的用语了。

又清代夏敬渠《野叟曝言》第五十三回，更写到一幕奇特的接吻情节。话说有妖道兼大盗吴天，早年劫下玉观音、赛观音姐妹做压寨夫人，此时小说男主角文素臣出场，一下即捕得赛观音，并绑于树上；而素臣书童奚囊跟未家小仆容儿开玩笑，将他跟赛观音绑在一起，两人耳鬓厮磨之际，不禁春心荡漾：

> 容儿是烟花队里搅惯的人，见他脸上泛出桃花，便知情动，竟去含着他一点樱桃，把舌尖拽入。赛观音已是动情，兼要求他救命，不觉半启朱唇，放进容儿香舌。容儿将舌搅动，搅得赛观音满口香津咽咽而下，觉着喉舌肺腑都是津津有味。……今见容儿恁般秀美，恁

般香润，许其救命，百般怜惜，再咽着龙涎之味，春兴勃然，不觉微舒雀舌，也吐入容儿口中，被容儿紧紧含住，细细吮咂，咂得赛观音遍体如麻，满心难过。正是：

> 嫩肤挨树全忘痛，小口含香独弄春。

对男女相互舌吻的描摹之细致，恐怕是得未曾有的。下一回接着对此更有总结：

> ……容儿一口许允，含着嫩舌，吮咂一个不亦乐乎。看官且道：青天白日，两人绑在树上，竟像关着房门，下着帷幔，半夜三更，在牙床之上，锦被之中，亲嘴咂舌，调弄风情，岂非千古奇文。

又清代西湖渔隐主人有小说集《欢喜冤家》，第一回的故事讲花二娘的丈夫花林好酒好赌，二娘与花林的结拜兄弟任龙任三官私下有意，两人第一次勾搭时有个场景：

> 三官要取火暖酒，见二娘坐在灶下，便叫："二嫂，你可放开些，待我来取一火儿。"花二娘心儿里有些带邪的了，听着这话，伴疑起来，带着笑骂道："小油花

甚么说话，来讨我便宜么?"任三官暗想道:"这话无心说的，倒想邪了。"便把二娘看一看，见他微微笑眼，脸带微红，一时间欲火起了。大着胆，带着笑，将身捱到凳上同坐。二娘把身子一让，被三官并坐了。任三便将双手去捧过脸来，二娘微微而笑。便回身搂抱，吐过舌尖，亲了一下。任三道:"自从一见，想你到今。不料，你这般有趣的，怎生与你得一会，便死甘心。"……

"吐过舌尖，亲了一下"，只是浅吻。下文写他们后来偷情时，有诗形容:

> 雨将云兵起战场，花营锦阵布旗枪。手忙脚乱高低敌，舌剑唇刀吞吐忙。

"舌剑唇刀吞吐忙"，自然是写激吻场面了。

又清末署庚岭劳人说、禺山老人编的长篇小说《蜃楼志》，是以十三行行商为背景的故事，第二回写男主角苏吉士（乳名笑官）与温素馨幽会:

> 这笑官将脸靠着香腮，正要度送，那丫头茶已送到。……这笑官走到素馨身边道:"好姐姐，你慧舌生

莲，香甜去处，赏我尝一尝罢。"便像要拢上身的光景。
这素馨虽然心上爱他，却怕有人撞见，说道："这个只
怕使不得。"因挽着他的手叫："兄弟，我陪你前头去。
先生若不回来，晚上说话可好么？"笑官再三的央告，
先要亲一亲。素馨真个由他噙着樱桃，试其呜哑……

（此据曲直校注本，漓江出版社 1994 年版，第 15 页）

从"靠着香腮，正要度送"的企图，到"你慧舌生莲，香甜
去处，赏我尝一尝"的索求，再到"噙着樱桃，试其呜哑"
的得逞，描写颇有连贯性。

以上《八段锦》《欢喜冤家》《蜃楼志》，主要都是写男
女初步欢好时的情形，可见在当时来说，接吻实代表性爱的
"初级阶段"，但又是确定地指向性爱的"高级阶段"。——
由《八段锦》里乌云在亲吻羞月后说"妙！舌头还是香的。
这事有七八分了"，即可以想见。

以上引用的都是白话小说的例子，而文言小说的表达
自有差别。不妨先看"世界短篇小说之王"蒲松龄笔下的
情形。

《聊斋志异》卷二《莲香》一篇，是写书生桑晓与狐女
莲香、女鬼李氏的三角恋——换个角度说，也就是兼得狐
鬼双美，享受跨界的齐人之乐。莲香深爱书生，更知道为他

身体着想，而李氏虽亦爱书生，其鬼气却有损于人。后来书生未能听从莲香劝诫，与李氏纵欲过度，终致病入膏肓。到了这个时候，一男两女终于三方会面，而莲香则预先做好了准备：

> ……莲解囊出药，曰："妾早知有今，别后采药三山，凡三阅月，物料始备，瘵蛊至死，投之无不苏者。然症何由得，仍以何引，不得不转求效力。"问："何需？"曰："樱口中一点香唾耳。我一丸进，烦接口而唾之。"李晕生颐颊，俯首转侧而视其履。莲戏曰："妹所得意惟履耳！"李益惭，俯仰若无所容。莲曰："此平时熟技，今何吝焉？"遂以丸纳生吻，转促逼之。李不得已，唾之。莲曰："再！"又唾之。凡三四唾，丸已下咽。少间，腹殷然如雷鸣，复纳一丸，自乃接唇而布以气。生觉丹田火热，精神焕发。莲曰："愈矣！"（**按：相似的救人情节又见于卷一《娇娜》，书生孔雪笠为救狐女娇娜，为雷神击毙，娇娜复救之："自乃撮其颐，以舌度红丸入，又接吻而呵之。……"**）

不知是不是莲香的促狭，她制成的灵药，需要李氏用唾液作为药引，故让她"接口而唾之"。结果，李氏"晕生颐颊……俯仰若无所容",最后在莲香再三逼迫下,才"不得已,唾之"。这段细腻的描述,深可玩味。

我们知道,《聊斋》的题材虽多异类,但表现的仍是人情,其写人与狐鬼恋爱,透露出来的仍是人世间的活色生香。这样,女鬼李氏对接吻的反应,可以相信也代表了一种普遍现实:一方面,莲香嘲弄她,说这是她"平时熟技",可见对于女子来说,至少对于生性风流的女子来说,接吻是很寻常的事;另一方面,李氏为此万分忸怩,迫于无奈始为之,又可见接吻属于最私密的行为,即便是最风流的女子,亦不愿意在第三者面前公开进行。这很典型地透露出中国人在接吻上的实践与观念。

又卷六《萧七》一篇,男主角徐继长"业儒未成,去而为吏",自然是个小人物,而且已有家室。结果路遇老叟,居然将"姿容绝俗"的女儿萧七嫁给他为妾。后来与女家姐妹宴饮,他更垂涎于六姊:

> 座间一女,年十八九,素帔缟裳,云是新寡,女呼为六姊,情态妖艳,善笑能口。与徐渐洽,辄以谐语相嘲。行觞政,徐为录事,禁笑谑。六姊频犯,连引十余爵,酡然径醉。芳体娇懒,荏弱难持,无何亡去。徐烛而觅之,则酣寝暗帏中。近接其吻,亦不觉。以手

探裤，私处坟起。心旌方摇，席中纷唤徐郎；乃急理其
衣，见袖中有缕巾，窃之而出。

此君趁女方醉酒无知觉，与她接吻，并上下其手，可算十分
流氓，在今日已属于性侵范畴了。不过，事后他倒是一片痴
心，近乎贾瑞之于王熙凤，也算有个好处。而萧七看出他的
心意，就告诉他：

彼与君无宿分，缘止此耳。……彼前身曲中女，君
为士人，见而悦之，为两亲所阻，志不得遂，感疾阽
危。使人语之曰："我已不起。但得若来，获一扪其肌
肤，死无憾！"彼感此意，诺如所请。适以冗羁，未遽
往；过夕而至，则病者已殒。是前世与君有一扪之缘
也。过此即非所望。

原来徐继长与六姊只有这一吻一摸的缘分，理论上已遂了
愿，六姊从此也不再出现。但徐不死心，疑是萧七出于妒意
不让六姊来，萧七遂不惜为他拉了一次皮条：

……女入，曳之以至。俯首简默，不似前此之谐。
少时，叟媪辞去。女谓六姊曰："姐姐高自重，使人怨

> 我!"六姊微哂曰:"轻薄郎何宜相近!"女执两人残卮,
> 强使易饮,曰:"吻已接矣,作态何为?"少时,七姐亡
> 去,室中止余二人。徐遽起相逼,六姊宛转撑拒。徐牵
> 衣长跽而哀之,色渐和,相携入室。裁缓襦结,忽闻喊
> 嘶动地,火光射闼。六姊大惊,推徐起曰:"祸事忽临,
> 奈何!"徐忙迫不知所为,而女郎已窅无迹矣。

萧七以"吻已接矣"为由,劝六姊满足徐继长一次,加之
徐更跪地哀求,六姊终于勉强应承。不料,此时却乍生意
外——原来,六姊实系狐女,遇上猎人围捕,遂仓皇逃
逸。徐继长虽然很努力,但与她的缘分,终仍止于一吻一摸
而已。

"吻已接矣"这个理由,再一次说明,接吻是指向性爱
的。而有吻无性,则等于性爱的中断,所以故事的结局让读
者代入时有万分的遗憾。此后,不止六姊无踪,萧七亦不复
至,"晨占雀喜,夕卜灯花,而竟无消息矣"。

又卷十一《白秋练》一篇,述白鱀(即白鳍豚)精之
女秋练爱恋随父从商的慕生,而慕生亦有意,后秋练因爱成
疾,主动前来:

> ……生初闻而惊,移灯视女,则病态含娇,秋波

自流。略致讯诘，嫣然微笑。生强其一语，曰："'为郎憔悴却羞郎'，可为妾咏。"生狂喜，欲近就之，而怜其荏弱。探手于怀，接脑为戏。女不觉欢然展谑，乃曰："君为妾三吟王建'罗衣叶叶'之作，病当愈。"生从其言。甫两过，女揽衣起坐曰："妾愈矣！"再读，则娇颤相和。生神志益飞，遂灭烛共寝。（按："接脑"，青柯亭本、黄炎熙选抄本皆作"接唇"［见张友鹤辑校《聊斋志异会校会注会评本》，上海古籍出版社 1978 年版，第四册第 1483 页；任笃行辑校《聊斋志异全校会注集评》，人民文学出版社 2016 年版，第四册第 2051 页］）

始于"接脑为戏"，终于"遂灭烛共寝"，从吻到性，显然属于十分"正常"的男欢女爱过程——这与上述《萧七》正成"残酷的对照"。

此外，卷七《鬼津》写女怪：

李某昼卧，见一妇人自墙中出，蓬首如筐，发垂蔽面。至床前，始以手自分，露面出，肥黑绝丑。某大惧，欲奔。妇猝然登床，力抱其首，便与接唇，以舌度津，冷如冰块，浸侵入喉。欲不咽而气不得息，咽之稠黏塞喉。才一呼吸，而口中又满，气急复咽之。如此良久，气闭不可复忍。

又卷十《申氏》写龟怪：

> 先是，亢翁有女，绝惠美，父母皆怜爱之。一夜，
> 有丈夫入室，狎逼为欢。欲号，则舌已入口，昏不知
> 人，听其所为而去。

此二事皆甚恶心，然而鬼怪皆好接吻，亦反映出接吻在世俗中的普遍性。

《聊斋》之外，再举《子不语》几例。

卷六《义犬附魂》写常公子出外游玩，结果：

> ……遇三恶少方坐地轰饮。见公子美，以邪语调
> 之。初而牵衣，继而亲嘴。

此可见男同的性爱也是接吻的。

又卷二十三《风流具》写蒋生尾随美女回家，结果：

> 闻环珮声，车中妇出于室，胡者抱坐膝上，指谓生
> 曰："此吾爱姬，名珠团，果然美也。汝爱之，原有眼

力。第物各有主，汝竟想吃天龙肉耶？何痴妄乃尔！"言毕，故意将妇人交唇摩乳以夸示之。生窘急，叩头求去。

接吻摸胸本属私密行为，而此大汉非寻常之辈，乃公然表演"以夸示之"，故蒋生更觉窘迫且害怕。

又卷二十三《狐仙亲嘴》写老仆王某骂狐精作祟，结果：

夜卧于床，灯下见一女子冉冉来，抱之亲嘴。王不甚拒，乃变为短黑胡子，胡尖如针，王不胜痛，大喊，狐笑而去。次日，仆满嘴生细眼，若猬刺者然。

仆人自然属于社会上的"低端人口"，而亦接受接吻，同样可见接吻已遍及各个阶层。

再看跟《聊斋》《子不语》三足鼎立的纪昀《阅微草堂笔记》。其第十卷"如是我闻"（四）有一处：

布商韩某，昵一狐女……以吻相接，嘘气良久，乃挥手而去。

又第十三卷"槐西杂志"（三）：

> 曩登泰山，见娼女与所欢皆往进香，遇于逆旅，伺
> 隙偶一接唇，竟胶粘不解，擘之则痛彻心髓。众为忏
> 悔，乃开。

又第十六卷"姑妄听之"（二）：

> 少年喜不自禁，遽揭其被，拥于怀而接唇。……

又第二十卷"滦阳续录"（二）：

> ……果有声呜呜自外入，乃一丽妇也。渐逼近榻，
> 杨突起拥抱之，即与接唇狎戏。

跟"民间"的蒲松龄、袁枚二氏不同，纪晓岚是庙堂中人，
笔下更为节制，故虽写到"以吻相接""接唇"，但也只此
而已。

此外，又如清霁园主人《夜谭随录》卷三《邱生》，写
邱生与狐妖卫素娟及女鬼莘姨的艳遇，其中有一插曲，系写
邱生与素娟婢女楚楚也有了私情：

> 楚楚闻之，且哂曰……语既尖酸，态复妖媚，生不能复耐，猝捉其臂，捺之床上，开掌作欲打状，曰："小婢子敢再嘲笑，受此一掌！"楚斜卧榻上，并不转侧，但瞑目作娇音应曰："一掌便何如，欲打谁耶？"生随势接吻曰："忍打卿耶？聊相戏耳。"言次，楚楚亵衣已被褪落，渐入佳境矣。

写男女间打骂调情，甚为生动，"随势接吻"之后，"渐入佳境"，其后事可知矣。

又曾衍东《小豆棚》卷十四《放鹰》，写艾姓男子因被诈骗反而抱得美人归的故事，里面有个细节：

> 艾即解衣偎女，欲接其吻，女钳口不与。……

"欲接其吻"的用语与《聊斋·萧七》相同。

最后，还有一个纪实式的故事。褚人获《坚瓠集·广集》卷六"续断指"条：

> ……又一人因奸被啮其舌，有人教以针刺舌断处，急剪狗舌，乘热接之，即合。但语常期期，不如其旧。

以狗舌接续人舌，在医学上自不可信，但由"因奸被啮其舌"这一点，同样反映出性爱时接吻的情形。

由上，可知明清小说不论白话、文言，有关接吻的例子甚多，足以反映出现实中接吻的普遍存在。

我们还要记得，接吻也见于明代房中术的著作里，如《纯阳演正孚佑帝君既济真经》《紫金光耀大仙修真演义》《素女妙论》之类。但我们从以上明清小说的性描写来看，却似乎看不到有关房中术的痕迹。这恐怕不是偶然的。

大概来说，中古以前，房中术在社会上影响较大（与神仙观念的影响成正比），但可能也仍限于上层阶级；至中古以降，旧贵族阶级解体，大众社会更为壮大，而房中术亦随之式微。从小说内容来看，性的神话、性的伪科学此时已被抛弃，世俗所接受的性行为，包括接吻在内，已完全是自然主义的了。而《金瓶梅》式的性描写固然直露，但较之乌烟瘴气的房中神话，未尝不是一种进步。

最后再补论一点。我们一般都将《金瓶梅》视为中国情色小说的代表，事实上，它也确是最著名的中国情色小说——但却不能说，它是最情色的情色小说。对接吻的描写就是一个标志。

试看相当著名的短篇情色作品《控鹤监秘记》（见《子不语》卷二十四；按：此篇托名唐张垍撰，但一般多以为系袁枚自作，坊间版本几乎皆删去此篇，此据王英志点校《随园十种》第十册，浙江古籍出版社 2019 年版），其叙述的重点完全在男女生殖器官，里面只说到口交（咂阳），而于一般的接吻毫无涉及，比之《金瓶梅》尤为形而下。因此《金瓶梅》大量写到接吻，倒显出人之常情，实际上并不那么情色。

十一、七嘴八舌 接吻用语考

汉语史的发展，古今变迁甚大，词汇尤然。而从词汇史立场观察，对于接吻行为，中国古代始终未形成固定的指称。至近世以降，始由"接吻"一词独霸天下。

出于保守观念，语言学家过去大约不甚重视"接吻"的词源问题。似乎想当然地觉得这是个外来词。如周作人说过：

> 有许多生硬的字，觉得不很适用，却又找不出好的替身来，如"接吻"这一个字我总疑心不是现成的国语，音义又都不见得好，倘若访求方言，必有适宜的字在那里，（如"亲嘴"，便好的多了，）拿来可以应用。（《歌谣与方言调查》，陈子善、赵国忠编《周作人集外文［1904—1945］》第二册，上海人民出版社2020年版）

汉语史家论近代译词，也举"接吻"为例：

> "接吻"——英语 kiss。《海国图志》卷三十七记俄罗斯云："见亲友无跪（拜）揖让之仪，惟接吻以为礼。"（潘允中《汉语词汇史概要》第七章，《潘允中汉语史论集》，中山大学出版社 2018 年版，第 122 页）

又如《汉语外来词词典》的"接吻"条目：

> 亲嘴。〔源〕日　接吻 seppun〖意译英语 kiss〗（刘正埮、高名凯、麦永乾、史有为编，商务印书馆香港分馆、上海辞书出版社 1985 年版，第 159 页）

以为"接吻"是由英语意译，或通过日语译自英语，显然都是不妥当的。

对于接吻，早期如《合阴阳》《天下至道谈》称之为"呴"，中古则经常使用"呜"，但后世皆不再通行。我们仅以前一部分引用的小说文本为例，先总结一下近古时期指称接吻行为的用语：

《金瓶梅》第十九回　搂抱在一处亲嘴　两个一递一口

儿饮酒咂舌

　　《金瓶梅》第八十回张竹坡夹批　　此又写一咂舌

　　《金瓶梅》第九十二回　　搂着就亲嘴

　　《玉蒲团》　又同他亲嘴

　　《野叟曝言》　亲嘴咂舌

　　《子不语·义犬附魂》　继而亲嘴

　　《子不语·狐仙亲嘴》　抱之亲嘴

　　《二刻拍案惊奇》　做嘴是白须鬐

　　《聊斋志异·莲香》　烦接口而唾之　　自乃接唇而布以气

　　《聊斋志异·白秋练》　接脑为戏（一作接唇为戏）

　　《聊斋志异·鬼津》　便与接唇

　　《阅微草堂笔记·槐西杂志》　接唇

　　《阅微草堂笔记·姑妄听之》　接唇

　　《阅微草堂笔记·滦阳续录》　接唇狎戏

　　《聊斋志异·娇娜》　又接吻而呵之

　　《聊斋志异·萧七》　近接其吻　　吻已接矣

　　《阅微草堂笔记·如是我闻》　以吻相接

　　《夜谭随录》　生随势接吻曰

　　《小豆棚》　欲接其吻

　　《子不语·风流具》　故意将妇人交唇摩乳以夸示之

小说是受众最广泛的文体，其用语最近于口语，可代表一般性的语言。以上实例，曰"亲嘴"，曰"咂舌"，曰"做嘴"，曰"接口"，曰"接唇"，曰"接脑"，曰"接吻"，曰"交唇"，名目不少，但不甚固定。可见当时对接吻尚没有相对统一的指称。

不过，由《聊斋》"又接吻而呵之""近接其吻""吻已接矣"和《夜谭随录》"生随势接吻曰"、《小豆棚》"欲接其吻"这些语例来看，"接吻"一词实已呼之欲出。则近代以来通用的"接吻"，显然不能说是新造的词，而是以本土现成的词翻译英语的 kiss——如果说此词由日本引入，那也是先有"接吻"旧词传入日本，日本以之对译 kiss，再回传中国的。这样的话，"接吻"就是一个"出口转内销"的词语了。李长声已指出：

江户时代日本从中国大量引进文学语言，明治维新前夜便有人拿接吻来翻译欧洲词语。《聊斋志异》里有"近接其吻""接吻而呵之"，可能在清代"亲嘴"和"接吻"都已是俗语，但近代文学里"接吻"很洋气，却是像很多古已有之的词语一样，从日本留洋回来的，"亲嘴"便土里土气了。（《单说接吻，不说天皇》，《日边瞻日本》，中央编译出版社 2007 年版）

这个看法是很不错的。

　　附带说一下，检《宋元语言词典》（龙潜庵编，上海辞书出版社 1985 年版）、《宋元明清百部小说语词大辞典》（吴士勋、王东明主编，陕西人民教育出版社 1992 年版）及《近代汉语词典》（许少峰主编，团结出版社 1997 年版），皆无"接吻"条目。惟后者有"接唇"条目，引用了小说《说唐》一例。

　　在旧小说里，对接吻还有一个特殊的修辞，值得专门介绍。

　　第七部分讨论"呜"字时，所引钱锺书论文《一节历史掌故、一个宗教寓言、一篇小说》提到一句："……正是《清平山堂话本·刎颈鸳鸯会》和明清白话小说里所谓'做个吕字'。""做个吕字"，什么意思呢?《清平山堂话本》卷三《刎颈鸳鸯会》，是讲有夫之妇偷情的故事，话说蒋淑珍与邻店小老板朱秉中眉来眼去，约定元月十三日夜间幽会，不料因事未遂：

　　　　……秉中等至夜分，闷闷归卧。次夜如前，正遇本妇，怪问如何爽约，挨身相就，止做得个"吕"字儿而散。（按：冯梦龙《警世通言·蒋淑真刎颈鸳鸯会》文字与此完全相同）

所谓"做得个'吕'字儿",望形可知其义,即口口相对,就是指接了个吻。

钱锺书只是凭印象指出此义,并未一一详细举例。我们今日通过电子搜索,不难替他作出补充。我搜到不下十例,选录如下——

明代冯梦龙《醒世恒言》第十五卷:

> 空照此时欲心已炽,按纳不住……却早已立起身来。大卿上前拥抱,先做了个"吕"字。

又清代坐花散人《风流悟》第三回:

> 畹香就去辫了情仙,做个"吕"字,情仙低头不语,终是闺秀身分,但凭畹香鼓弄。

又邗上蒙人《风月梦》第十七回:

> 陆书一时豪兴,就将张妈拉了与他并肩在床边坐下,向张妈道:"伙计,你把我的病都想出来了。今日天缘凑巧,却好此刻他在楼下,我同你偷个嘴,任凭你要甚么,我总依你。"说着就向张妈对了一个"吕"

字……

又唐芸洲《七剑十三侠》第十六回：

　　天熊丢了双锤，把三娘一把抱住。说也真巧，那三娘的双乳，正在天熊的胸前，面对面，口对口，成了一个"吕"字。天熊正在妙龄之际，现把个美人抱在怀中，岂不动心，便把他亲了个嘴。

又周竹安《载阳堂意外缘》第四回：

　　两人说说笑笑，扒上床去，又赶起风流的事来了。口连其口，作一个"吕"字之形。

又八咏楼主述、吴中梦花居士编《蜃楼外史》第五回：

　　惹人怜笑道："我们两个人怎好与你同睡？不如让我妹妹陪了你，我自向那边榻上睡吧。"文华听了，急得说道："这是断断使不得，我们三个人还是一床睡的好，也好成一个'品'字。若但做个'吕'字，焉能尽兴呢？"

前面的都大同小异，末一例还有点变化，由两个人"做个'吕'字"的老话头，更想出三个人"成一个'品'字"的新意思来。

　　此外，据说日本过去亦用"吕"字隐指接吻（李长声《单说接吻，不说天皇》）。那应该也是从中国东传过去的了。

十二、猜一猜，笑一笑 游戏文学举例

稍稍知道一点当代书画者，都知道康生曾化名"鲁赤水"作画，表示与齐白石单挑的意思。这是题外话，兹不细谈。只说明代倒是真有位"赤水"——屠隆，字长卿，一字纬真，号赤水。他是明代放浪文人的代表之一，以才思敏捷著称，诗文之外，更擅长戏曲，还是撰作《金瓶梅词话》的最大"嫌疑人"之一（参吴敢《金瓶梅研究史》，中州古籍出版社2015年版，第112—113页）。

有一个关于他的猎艳故事。清代慵讷居士《咫闻录》卷七"屠赤水"条：

屠赤水，名滢，浙鄞之名士，前明之尚书也。与徐文长最善。为诸生时，喜于闲花野草之中，采香寻趣。然必名妓，乃能恋之。一日，夕阳将颓，散步晴皋，过心爱妓女之门，欲止宿焉。妓曰："他人以金为

重，吾以诗文为重。出一题，刻能成则留之，不成不留也。"赤水曰："只要有题，何难之有？"妓曰："即以地支十二字为题，并欲以今宵之事，作词一首。"赤水搦管立就，其词云：

> 了相思一夜游（子），敲开金锁门前钮（丑），正值夤夜夕阳收（寅）。柳腰儿抱着半边（卯），红唇儿还未到口（辰），口吐舌尖软如钩（巳）。还有玉杵在身边，不是木头削就（午）。二八中间直入，跳起脚尖头（未）。呻吟口罢休（申），壶中酒点点不留（酉）。倦来人似干戈后（戌），只恐生下孩儿，子非我有（亥）。

> ……妓示其词，击节赞赏，由是妓之爱，过于赤水之爱，竟欲以终身相托。然赤水恐人计议，含糊答应。及至贵显，妓倩其友，屡请践约。赤水曰："吾无白香山之才带小蛮腰樊素耳。"妓念乃绝。

此事有另一个版本，见张美翊纂《甬于屠氏宗谱》卷三十六：

> 纬真公至金陵，游秦淮旧院寇四家。寇四故负才艺，有盛名者也，因请其作词，仪部即举笔作《叨叨令》，中含地支十二字以赠。其词云：

了相思，一夜游（子），敲开金锁钮（丑），正逢�夜夕阳收（寅）。柳腰儿抱着半边（卯），红唇儿未曾到口（辰），口吐舌儿软若钩（巳）。更有玉杵在身旁，不是木耳削就（午）。二八中间直入，挑起脚尖头（未）。呻吟口罢休（申），壶中酒点点不留（酉）。倦来人是干戈后（戌），只恐生下孩儿非我有（亥）。

六院喧传，以为才子。（既勤堂民国八年版；此据郑闰《〈金瓶梅〉和屠隆》，学林出版社1994年版，第128—129页）

此叙事与《咫闻录》有别，但所录词则大同小异。

无论从文献年代考虑，还是从文本内容分析，都以《咫闻录》的文本更可信。故事说，屠隆跑到妓院，表示"一起睡觉吗"，但名妓高自标置，给他出了个难题："以地支十二字为题，并欲以今宵之事，作词一首"，也就是作品既要扣紧十二支，又得涉及男女情事，难度极大。然而屠隆竟随手就完成了作业。

以下对这首词逐句略为诠释。兹以《咫闻录》文本为准，惟其中有两处以《甬于屠氏宗谱》文本为善，则补入其异文：

"了相思一夜游"，"了"与"一"两字合并即"子"；

"敲开金锁门前钮"，"钮"字去"金"即"丑"；

"正值夤夜夕阳收"，"夤"字去"夕"即"寅"；

"柳腰儿抱着半边"，"柳"的半边即"卯"；

"红唇儿还未到口"，"唇"字无"口"即"辰"；

"口吐舌尖软如钩"，"口"字加钩形即"巳"；

"还有玉杵在身边，不是木头削就"，"杵"字无"木"即"午"；

"二八中间直入，跳〔挑〕起脚尖头"，"二""八"两字中间加一竖即"未"；

"呻吟口罢休"，"呻"字去"口"即"申"；

"壶中酒点点不留"，"酒"去水旁即"酉"；

"倦来人似干戈后"，"戈"字加"人"形即"戌"；

"只恐生下孩儿，子非我有"，"孩"字去"子"即"亥"。

由此可见，这首词句句皆射十二支的字形，同时又句句写男女交欢，从登门到调情到事后，节节深入，曲尽人情。这等于是十二地支的连环谜语，并且是属于所谓"荤面素底"的谜语，虽属文字游戏，实妙到毫巅。其中"红唇儿还未到口，口吐舌尖软如钩"两句，更是生动地突出了接吻的承上启下作用。这可说是关于接吻的经典谜语文学了。

关于这首词，因其见于《甬于屠氏宗谱》，研究屠隆者遂径视为屠氏之作（参汪超宏主编《屠隆集》附录《屠隆作品辑补》，浙江古籍出版社2012年版，第十二册第31—32页；谢伯阳《全明散曲》[增补版]，齐鲁书社2016年版，第五册第3606—3607页）。而我以为是有可疑的。

首先，此词不见于屠隆本人的作品集。再看《咫闻录》，其作者慵讷居士大约是道光前后时的人，去屠隆时已远。事实上，《咫闻录》指屠隆是"前明之尚书"，错得相当离谱，而如此复杂的谜语词，又说他"搦管立就"，尤不可信。这很像是一个后世假托的名人轶事。至于《甬上屠氏宗谱》迟至民国时才刊行，很可能只是编者买菜求益，将虚构的逸闻当真事收录了。这样一个情色作品，殊不应是旧族谱里所当有的。

关于屠隆逛妓院，明人倒有一个可靠记录。沈德符《万历野获编》卷二十六"白练裙"：

> 顷岁丁酉，冯开之年伯为南祭酒，东南名士云集金陵。时屠长卿年伯久废，新奉恩诏复冠带，亦作寓公。慕狭邪寇四儿名文华者，先以缠头往。至日，具袍服头踏，呵殿而至，踞厅事南面，呼妪出拜，令寇姬旁侍行酒，更作才语相向。次日六院喧传，以为谈柄。有江右孝廉郑豹先名之文者，素以才自命，遂作一传奇，名曰

《白练裙》，摹写屠憨状曲尽。……次年，李九我为南少宰，署礼部，追书肆刻本毁其板，然传播远近无算矣。予后于都下遇郑君，誉其填词之妙，郑面发赤，嘱予勿再告人。（按：屠隆研究者皆引据此条［郑闰《〈金瓶梅〉和屠隆》，第128页；汪超宏主编《屠隆集》附录《屠隆简谱》，第十二册第538页］）

我觉得，《卮闻录》所载的文本，可能只是后人依据《白练裙》之类传奇故事而造作的；至于《甬于屠氏宗谱》所载的文本，则像是更晚近的人将《卮闻录》的谜语词与《万历野获编》的逸闻拼凑起来的。简单说，那首巧妙的谜语词，未必就是屠隆作的。

因为这首谜语词有关接吻，同时又是一个很特别的游戏文学范本，故特为辩证如上。

此外，有一个关于接吻的笑话。清代游戏主人《笑林广记》卷之三形体部"亲嘴"：

一矮子新婚，上床连亲百余嘴。妇问其故，答曰："我下去了，还有半日不得上来哩。"

这是比较无聊的笑话，且有身体歧视的成分。但亦足见接吻行为在世俗中是毫不稀罕的。

笑话作为文体，非诗词非小说，也算广义的游戏文学范围，故附载于此。

十三、继续有图有真相 明清春宫画举例 【存目】

十四、唐突佳人 西施舌的情色想象

中国人大吃海鲜，似乎自宋代始，至明清时期则更上层楼。当时的网红海鲜里，有一种特别的名目，曰"西施舌"。

明代屠本畯——他是屠隆的族孙辈，有人更说他就是给《金瓶梅词话》作序的"欣欣子"——著有《闽中海错疏》（徐𤊹补疏），其卷下介部有云：

> 沙蛤，土匙也。产吴杭，似蛤蜊而长大，有舌，白色，名西施舌。味佳。
>
> 按：《闽部疏》（按：明王世懋著）云：海错出东四郡者，以西施舌为第一，蛎房次之。西施舌本名车蛤，以美见谥，出长乐澳中。

又胡世安《异鱼图赞补》卷下互错部"西施舌"条：

> 矿壳如颐，肉蟾蛲而。化自鹡鸻，久复差池。既俪女施，亦方男仪。惟其似之，是以谥之。
>
> 《雨航杂录》：西施舌，一名沙蛤。大小似车螯，而肉自壳中突出。长可二寸，如舌。温州公尝与人食此，戏曰："西施舌如此，亦不足美其人。"曰："非也，舌长能搬弄，可称张仪舌。"……渔书云：西施舌，状如蚌，壳色青绿，肉作银红，似女子舌，故名。味清甘有致，作汤佳味。

又清初赵学敏《本草纲目拾遗》卷十介部"西施舌"条：

> 《本草从新》：西施舌，浙温州有之，生海泥中，似车螯而扁，常吐肉寸余，类舌，故名。……《宦游笔记》：西施舌似车螯而扁，生海泥中，一名沙蛤。长可二寸，常吐肉寸余，类舌，俗以其甘美，故名。

又清代郝懿行《记海错》"西施舌"条：

> ……然则珧即江瑶柱也。西施舌与之同类，而无柱

为异。又味美在肉，谓之舌者，有肉突出，宛如人舌，
啖之柔脆，以是为珍。其壳圆厚淡紫色，可饰治器，即
墨海中有之。

又郭柏苍《海错百一录》卷三记壳石"沙蛤"条：

又名车蛤。《海错疏》土匙也。诸书皆云似蛤蜊，
而长大有舌，白色，名西施舌。……苍按：西施舌形
长，不得称蛤。西施舌、沙蛤、土匙，皆产长乐，土匙
形长色黑，询以沙蛤，即吴航［杭］人亦以为西施舌之
别名。

照现代生物学来说，西施舌是瓣鳃类双壳贝，学名仍称西施
舌（*Mactra antiguata*），山东沿海俗称沙蛤。其壳大而薄，
长五、六厘米，近三角形。表面光亮呈黄褐色，顶部淡紫
色，足肉白似乳，并突出如舌形。栖于淡水所注入的浅海多
泥沙处（参张震东《〈记海错〉名物辨析》，山东省海洋水产
研究所、烟台市水产局1992年版，第76页；另参杨德渐、
孙瑞平编著《海错鳞雅：中华海洋无脊椎动物考释》"西施
舌"，中国海洋大学出版社2013年版，第47页）。

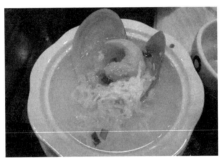

西施舌

恐怕读者都会疑惑了，这是接吻史，为什么要讨论海鲜，讨论西施舌呢？

是这样的。我以为，古人将这种海鲜命名为"西施舌"，可理解为一种对接吻（舌吻）的暗示，带有戏谑意味，也带有想象意味。"西施舌"作为指称，可以说是一种对接吻的意淫式修辞。因此，讨论西施舌的问题，也是间接地讨论接吻问题，属于接吻文化史的一页。

事实上，从古人关于品尝西施舌的文字里，不难发现这种意淫心理。

如李渔《闲情偶寄·饮馔部》"零星水族"条有云：

> 海错之至美，人所艳羡而不得食者，为闽之西施舌、江瑶柱二种。西施舌予既食之，独江瑶柱未获一尝，为入闽恨事。所谓西施舌者，状其形也。白而洁，光而滑，入口咂之，俨然美妇之舌，但少朱唇皓齿牵制其根，使之不留而即下耳，此所谓状其形也。若论鲜味，则海错中尽有过之者，未甚奇特。朵颐此味之人，但索美舌而咂之，即当屠门大嚼矣。

李渔的意思是说，西施舌的味道本不过尔尔，"但索美舌而咂之，即当屠门大嚼矣"，只是品味了此舌，也就当作品味了美人真正的舌了。

又近代陈庆湛《谏书稀庵笔记》"海错"条亦有云：

> 惟蛤蜊名西施舌者，白肉如舌，纤细可爱，吞之入口，令人骨软。予曰：虽美不可言美，恐范蠡见嫉。

（小说丛报社民国十一年再版，第 149 页）

这就是故意当真，把西施舌当作西施本人，故有"恐范蠡见嫉"之语。

诗中的例子也有不少。如南宋初吕本中诗《西施舌》：

> 海上凡鱼不识名，百千生命一杯羹。无端更号西施舌，重与儿曹起妄情。

又如南宋王十朋诗《吴宗教惠西施舌戏成三绝》之一：

> 吴王无处可招魂，惟有西施舌尚存。曾共君王醉长夜，至今犹得奉芳尊。

由此，可知"西施舌"之名至少可追溯至南宋时代。"儿曹起妄情"，是指其名目能触发人的意淫；而"曾共君王醉长夜，至今犹得奉芳尊"云云，显然是当作西施本人降临了。

又如清代朱仕玠诗《瀛涯渔唱》：

> 仿佛沧溟见玉人，含茹珍重口生春。谁云分体关宫里，不及江妃罗袜尘。（自注：论海错之美者，首列江

瑶柱，西施舌次之。台地有西施舌而无江瑶柱。）（雷梦水、潘超、孙忠铨、钟山编《中华竹枝词》，北京古籍出版社1997年版，第六册第3912页）

"仿佛沧溟见玉人"，无非也是拿西施来消遣。

又赵翼诗《戚晓塘观察席上赋西施舌》：

一寸灵根出蚌胎，浣纱遗体费疑猜。扪愁卷入娇喉去，割或（惑？）潜乘笑口开。似带澜翻从越网，几曾簧巧祸苏台。却惭老去风情断，方与佳人接舌来。（《瓯北集》卷三十二；此据李学颖、曹光甫校点《瓯北集》，上海古籍出版社1997年版，下册第728页）

"却惭老去风情断，方与佳人接舌来"两句，更是非常明确地将吃西施舌等同于接吻了！

又王培荀《乡园忆旧录》卷八有云：

第海物莫美于西施舌，蛤蜊之类十数，以此为冠。先生遗之（按：此谓宋琬有忆故乡银刀鱼、笔管蛏二诗，而不及西施舌），戏补一诗，无能步后尘，特发阅者一粲：吴宫追忆久含情，未许猩唇独擅名。仿佛脂香

亲领略，怜他长舌足倾城。（蒲泽校点，齐鲁书社 1993
年版，第 443 页）

所谓"仿佛脂香亲领略"，也跟赵翼的意思无异了。

又黄恩彤有《西施舌》七律：

> 检寻食谱问闽乡，老蚌含腴夺蛎房。名掩江瑶冰
> 作质（或以为即江瑶柱，实二物也），光分海月玉为肪。
> 流涎淡沮椒盘润，吐肉浓霑辣匕香。却似馆娃留片舌，
> 厉阶犹自恨吴亡。（《飞鸿集》卷三，收入魏伯河点校
> 《黄恩彤文集》第一册，齐鲁书社 2021 年版）

末两句似是说，西施不甘成为吴国灭亡的祸首，故留此舌以
自辩。

又如近世陈懋鼎有《西施舌》五绝：

> 玉唾脂香想馆娃，五湖珍味美无涯。来从越客千丝
> 网，冠绝吴侬廿种鲑。
>
> 步屟罗衣万古埋，口脂长入水湝湝。香涎微吐牙芬
> 溢，犹较江瑶色味佳。
>
> 吴越当年两角蜗，应知妇舌厉之阶。可怜海错南中

疏，犹与王余品汇偕。

值得亡吴作厉阶，筯头伴色起风怀。五湖虾菜吾将老，长啮妃唇傍水涯。

网中湛美侣鱼鲑，艳色千秋在水涯。除却一斖谁举似，齿芬扬遍御儿街。(《槐楼诗钞·击钵吟》，福建人民出版社 2017 年版，第 272—273 页)

这组诗写得较为晦涩，但由"玉唾脂香想馆娃""长啮妃唇傍水涯""艳色千秋在水涯"这些话来看，仍不过是意淫西施的老调而已。

在前面第九部分，我已讨论过，古人在高雅文体中不愿描写接吻之事，故直接咏吻的诗极为罕见。可是，在上面这些例子里，这些士大夫却通过咏西施舌，大胆地写出"含茹珍重口生春""方与佳人接舌来""仿佛脂香亲领略"这样的句子，何以然呢？盖品尝西施舌，跟真正的接吻毕竟隔了一层，通过咏西施舌来间接地暗示接吻，带有开玩笑的性质，终不失为雅谑。这应是众多文人吟咏西施舌的一种潜在心理背景。

此外，命名方式类似者，还有"西施乳"，一般指河豚的精巢，又有"西施腕"，明代袁宏道借指竹笋（邱庞同《西施乳·西施舌·西施腕》，《知味难：中国饮食之魅》，青岛出版社 2015 年版）。这当然也是在修辞上占西施的便宜，与西施舌的命名心理大同小异。

　　既谈到西施舌，有几种名物也不妨在此附说。

　　南宋罗大经《鹤林玉露》乙编卷之五"肴核对答"条云：

　　　　杨东山尝为余言："昔周益公、洪容斋尝侍寿皇宴。因谈肴核，上问容斋：'卿乡里何所产？'容斋，番阳人也。对曰：'沙地马蹄鳖，雪天牛尾狸。'又问益公，公庐陵人也。对曰：'金柑玉版笋，银杏水晶葱。'上吟赏。又问一侍从，忘其名，浙人也，对曰：'螺头新妇臂，龟脚老婆牙。'四者皆海鲜也，上为之一笑。……"

"寿皇"，即宋孝宗，退位后称"至尊寿皇圣帝"。他跟几位大臣吃饭时，问起各人家乡的名产，其中一位浙江人举出四种海鲜，一曰"老婆牙"。"老婆牙"据云即藤壶，俗称雀嘴，其物既称"老婆牙"，则命名方式或亦近于"西施舌"。按："老婆"在宋代已有指称妻室的义项，然则此"老婆牙"指的是老婆的牙呢，抑或是老太婆的牙呢？差别亦大矣！若是前者，则当有暗示接吻的意味；若是后者，却可能是恶搞接吻的意思了。

又钱锺书 1937 年《石遗先生挽诗》"蠔荔间三绝，严高后一人"自注云：

> 王弇州赠闽人佘翔宗汉诗云："十八娘生红荔枝，蠔房舌嫩比西施。更教何处夸三绝，为有佘郎七字诗。"（《槐聚诗存》）

王弇州，即明人王世贞——跟前面提到的屠隆一样，他也是撰作《金瓶梅词话》的"重点嫌疑人"。此诗有关的人事内涵，我们不必理会，只需看"蠔房舌嫩比西施"这一句，是说蠔（牡蛎）肉比西施舌更嫩。这就是西施舌这一意淫修辞的延伸了。

又清人孙原湘有诗《咏美人所制杨妃舌，用海汁捣糖霜裹玫瑰瓣为之，取其形似也》六绝：

> 薄似银簧炙乍清，小红尖瓣本生成。自从香口亲题后，应笑江瑶浪得名。
>
> 西施舌好味嫌腥，新剥鸡头肉比馨。一种妙莲花气息，是曾亲口授心经。
>
> 一捻分明玉手将，宛然檀口吐丁香。天生慧舌工翻案，不是杨梅强属杨。

　　　　清品须陪雀舌茶，如酥滑腻欲胶牙。三郎见此应微
　　笑，亲唤玫瑰解语花。

　　　　入口甘酸满上池，芳津直许透诗脾。华清当日真滋
　　味，只有宁王玉笛知。

　　　　红得娇柔嚼未堪，香如鸡舌带微甘。恰宜小病贪酸
　　日，一点樱桃细细含。(《天真阁外集》卷六《天真阁艳
　　体诗》;《孙原湘集》，下册第 1733—1734 页)

将玫瑰花瓣做成的甜品称为"杨妃舌"，自是模仿了"西施
舌"的命名，那么，当然也仍是一种意淫式修辞。其中第二
首"一种妙莲花气息，是曾亲口授心经"、第三首"宛然檀
口吐丁香"云云，更是将其物径等同于美人的香吻了。至于
第五首"华清当日真滋味，只有宁王玉笛知"尤为巧妙，盖
杨贵妃有窃取宁王（唐玄宗长兄）紫玉笛来吹奏的逸闻，此
谓贵妃舌头的滋味，只有宁王的玉笛才知道——这也是对
接吻间接又间接的意淫了。

十五、东是东，西是西 与域外的对照

对于接吻，如今中国人——应该说全世界的人——都无形地接受了西洋人的观念；而且，由于以好莱坞为中心的大众文化霸权，这种观念的接受仍在强化之中。这种接吻观的核心在于：接吻是代表两性之爱的，更重要的是，接吻是代表单纯之爱的，是可以诉诸公开的亲密行为（*同性之爱的接吻不过照搬两性之爱的形式，可置不论*）。不论从历史（时间）上看，还是地理（空间）上看，这种单纯性和公开性的接吻观，并不是诸国族和文明的普遍习俗，而只是渊源于西方社会的特殊背景。

至今为止，中外学界仍有一种普遍的西方特殊论倾向——而西方特殊论的本质，实际上就是西方中心论，即将近代式的制度形态归因于西方历史的特殊性，尤其是归因于基督教因素。比如：强调资本主义起源的新教背景，有韦伯的《新教伦理与资本主义精神》（*此书译本众多，不必列*

举）；强调近代法律形成的中古教会和近代新教改革背景，有伯尔曼的《法律与革命》（第一卷副标题"西方法律传统的形成"，贺卫方等译，中国大百科全书出版社 1993 年版；第二卷副标题"新教改革对西方法律传统的影响"，袁瑜琤、苗文龙译，法律出版社 2008 年版）。强调近代科学形成的基督教背景，有冯肯斯坦的《神学与科学的想象：从中世纪到 17 世纪》（毛竹译，三联书店 2019 年版）；特别强调新教背景的，又有霍伊卡的《宗教与现代科学的兴起》（钱福庭等译，四川人民出版社 1991 年版）、哈里森的《圣经、新教与自然科学的兴起》（张卜天译，商务印书馆 2019 年版）。此类大言宏论，甚而被奉为经典，实质见解陷于一偏，殊不能让我心服。可是，若谓流行的接吻观是渊源于西方基督教的特殊背景，我倒是很能接受的。

《旧约·雅歌》就有明确描述接吻的诗句。其第一章有云：

　　　　愿他用口与我亲嘴，因你的爱情比酒更美。

又第八章有云：

　　　　巴不得你像我的兄弟，像吃我母亲奶的兄弟。我在

外头遇见你，就与你亲嘴，谁也不轻看我。（此据《新旧约全书》[串珠]，圣经公会香港发行）

要知道，《雅歌》之于西方，亦如《诗经》之于中国，其地位是经典性的。而且基督教作为有形的教会组织，对社会的影响更是强制性的，远非儒学所能相比。则《圣经》里既有关于接吻的描写，则接吻也因之有了一重信仰的外衣，有了神授的"合法性"。事实上，在基督教的信仰制度下，接吻确成了一种神圣化、礼仪化的公众行为。

比如，近代芬兰人类学家韦斯特马克介绍过一种在婚礼上牧师吻新娘的习俗：

……我们还可以再简单地谈谈苏格兰的一种古老习俗。根据这种习俗，"主持婚礼的教区牧师在完成其主婚职责之后，都会立即提出要同新娘接一个响吻，并将这看作是自己不可转让的特权。"人们坚信，新娘日后的幸福就寓于和牧师的这一吻之中。（《人类婚姻史》，李彬译，商务印书馆2002年版，第二卷第941页）

又有一种在婚礼上新娘吻男宾的习俗：

> 欧洲人举行婚礼时，人们通过与新娘新郎本人或他们穿用过的东西发生接触，不仅希望能够很快结婚，而且也希望得到各种好运气。……在约克郡，当新娘参加完婚礼，又回到娘家时，客人们便争着让新娘首先吻一下。当地人认为，新娘先亲了谁一口，谁就能交上特别好的运气。在苏格兰的某些地方，婚礼仪式结束之后，新娘要在一群少女的陪伴下，围着寓所走一圈，并亲吻遇到的每一个男子。同时，还有人拿着一个盘子跟着走，人人也都往里放一些钱。……（《人类婚姻史》，第二卷第950—951页）

这种接吻，显然既是公开性的，也是礼仪性的。

不过，接吻虽有宗教化的礼仪意味，但若发生于异性之间，毕竟无法完全消除其性爱意味；或者说，接吻在宗教化的礼仪意味中，也仍会逐渐滋长出性爱意味。丹麦尼罗普在其《接吻简史》指出，在开始时：

> 当作一种深的精神的爱之表示，在原始的基督教会里，接吻也流行起来了。

但后来，就"事情正在起变化"了：

十三世纪中叶，有一种接吻用的特别器具输入到英国，即所谓"接吻牌"（Osculatorium）或云"平安板"（Tabella pacis），系一金属制圆盘，上有圣画，在教堂中给会众轮流地接吻。

这接吻牌从英国教会又渐渐地流入各教会去，但似乎都不能长久通行。这在好些方面都引起人家的毁谤。

这个办法足以引起教堂内的纷争，好些有身分的人都拼命争夺，想得到最初接吻的荣誉。在教堂的优先权的竞争，照我们所看见，来源是很久远的了。

其次这似乎又成为情人中间的一种媒介。青年美貌的女郎在牌上接吻的时候，她的身边总有一个美少年在那里不耐烦地等着，想从她的手里唇边夺过牌去。我们读玛罗（Marot）的诗，可以看到这样的两句：

我告诉女郎说她是美丽的，

我紧跟着她在平安板上亲了嘴。

因了接吻牌的通行，那些如希腊小说及阿微丢思（Orid）诗中所见的古代风流少年的风俗又复活过来了，——即欢子等他的意中人饮后，从她的嘴唇触着过的杯缘吸酒的风俗。（见《接吻简史》第四章；此据周

作人旧译《平安之接吻》，见锺叔河编《周作人文类编》
湖南文艺出版社 1998 年版，第 6 册第 216—221 页）

教会提供的这种"接吻牌"，作用本来是方便教众相互表达
"一种深的精神的爱"，但少男却利用它来间接地一亲美少女
的芳泽，很可见礼仪之吻向性爱之吻的过渡。正由于教徒或
贵族间的接吻礼俗可能带有性爱意味，中古时对教会骑士有
特别的规条：禁止与他人亲吻，包括与自己母亲或姐妹亲吻
（［美］威廉·厄本《条顿骑士团：一部军事史》，陆大鹏、
刘晓晖译，社会科学文献出版社 2020 年版，第 20 页）。

　　关于"接吻牌"，在此插述一事。宋代钱易《南部新书》
（己）述唐代掌故，有一个很特别的细节：

　　　　福昌宫，隋置，开元末重修。其中什物毕备，驾幸
　　供顿，以百余瓮贮水。驾将起……又宫人浓注口，以口
　　印幕竿上。发后，好事者乃敛唇正口印而取之。

福昌宫是隋唐时的行宫，在今河南宜阳县；"注口"，涂口脂
于唇，亦即今之涂口红。"以口印幕竿上"，是说当御驾准备
离开福昌宫时，宫女们会开玩笑地将口红印到支撑帐幕的
长竿上；等她随御驾离开后，"好事者乃敛唇正口印而取

之"，就字面来看，"好事者"或系女子，其举动可理解为是要"蹭"宫女用过的口红——可是，"好事者"也未尝不可以是男子，则其举动就可理解为是要间接地与宫女"亲个嘴儿"！这样，就恰与西洋"接吻牌"的事情如出一辙了。东海西海，男性心理攸同，这当然也是不足深异的。

回到西洋。随着封建时代的崩解，也随着教会时代的崩解，西洋社会不断转向近代，接吻的礼仪意味逐渐消灭，恋爱意味逐渐增加，而礼仪之吻也终于完全过渡到恋爱之吻——但尽管如此，由于宗教背景而造成的公开接吻习俗，却依然延续了下来，故西洋式的接吻仍是可以公之于众的，仍带有"一种深的精神的爱"的痕迹。我以为，这就是西方两性之吻带有单纯性和公开性的由来。

这就意味着，对于接吻的态度，中国人本来并没有什么不正常，倒是西洋人比较不正常而已！而近世以来，西风压倒东风，西洋人的接吻习惯一举逆袭，跃居主流，过去的不正常反倒成了今日的正常了。

讨论过西洋，我们再了解一点东洋的情形，就能更清楚地理解中国人对接吻的态度，也能更清楚地明白近代以前中西接吻观的差别。

中国的"知日分子"很早就观察到，日本人之于接吻，完全是"脱亚入欧"的结果。

1949 年后赴台的近代报人喻血轮，曾专门写到接吻问题，并论及：

日本在欧风未东渐以前，从无公开接吻情事，在第二次大战前，始有法律规定，外国人可于天黑后，与日本女子当街接吻，但在日间为之，则认有破坏公共道德之罪，应递解出境。战后闻已开放矣。至中国男女接吻，始终在闺房内行之，此种美俗，至今尚能保持不变。（《接吻风俗谈》，《绮情楼杂记》［足本］，眉睫整理，九州出版社 2017 年版，第 357 页）

台湾的专栏作家简白也指出：

中国近代以前，所谓的接吻，纯是"秘戏"的玩意，曝不得光，亲情容或存有，但绝不作兴像西洋那般，光天化日、大庭广众之下，动辄嘬嘴啜咂人家的口唇、额头、脸颊、手背，当成礼仪或爱情表现。深受儒教影响的日本，也和中国一样。

在日本，不但"礼仪接吻""爱情接吻"百分百为舶来品，甚至连"接吻"这个汉词，也晚至江户末期才问世，距今仅约一五〇年左右。之前，附属于性行为的

"口口相吮"，不称"接吻"，叫作"口吸"，咸湿效果淋漓。

平安朝（809—1183）中期，著名的"宦游人"纪贯之的《土佐日记》，虽没敢直接描写人对人的接吻动作，而用"啖吃鱼头，啮吸鱼口"，委婉暗示思念家眷，尽管如此，"口吸"（纪贯之以平假名书写）一词，还是诞生了，流行东瀛一千年。尤其德川幕府朝代，充斥坊肆的通俗读物、歌舞伎脚本、春宫浮世绘图说，并且杠上开花，衍生"口舐""口寄""口合""舌吸"等新鲜词语，艳色成分饱满，豪放妆饰著号称性爱文化鼎盛期的江户时代。当然，这些新词鲜语，丝毫都无沾染洋派的"礼仪"或"爱情"气息。（《接吻》，《江户·东京》，台湾允晨文化实业股份有限公司 2012 年版）

大陆旅日作家李长声也说：

一百多年前，希腊出生、爱尔兰长大、在美国当记者、跟日本女人结婚的小泉八云写道："作为爱情表现的接吻、拥抱，日本还不知道。""唯一的例外是母亲哄孩子睡觉时，只有这时日本的母亲也像全世界的母亲一样抱紧孩子亲吻。但孩子过了幼年期，亲吻就被视为极其淫荡的行为。"亲吻一词，早先日本用"口吸"等说法，"吕"字是隐语，森鸥外的小说里使用"亲嘴"。……现而今日本干脆用外来语，简简单单，歌里也大唱 kiss、kiss、kiss。(《单说接吻，不说天皇》)

这些看法，能从日本学者更翔实深入的论述中得到印证。如平石典子指出，小泉八云认为日本人不懂接吻的看法，遭到博物学家南方熊楠的驳斥：

熊楠在 1921 年杂志《性的研究》中发表《东洋古书中所见的接吻》一文，指出《今昔物语》和《御伽草子》等作品是"我国自古便存在作为爱之象征的接吻的证据"，证明日本也存在着接吻的风俗。熊楠愤慨道："如果像多数西洋人那样，认为东洋不存在以接吻来作为爱之表象的风气，那是大错特错的。"他还总结道："不管如何，日本人不是不知道接吻，而是认为那是不足为所知而不特意去了解。"诚然，像《御伽草子》中物草太郎在路上强抢女子为妻的行为早在中世就已经存在，从其中太郎兴奋地"亲嘴"这些描写来看，毫无疑问：日本存在着与喜欢的女子接吻的习俗。而且追溯一下可以发现，例如《土佐日记》中进餐的场面中有着"亲吻小香鱼菜肴"的描写。但是为什么小泉八云认为"日本文学中绝对不会出现这种事物"，而熊楠却认为"不足为所知而不特意去了解"呢？那大概是因为像"口吸い""口寄や"等"亲嘴"行为被定位于一种性行为的缘故吧。因此，平安文学以及和歌世界中几乎没有出现过意味着这些行为的词语。即使是到了江户时代，"口吸い"也只是像《小纹雅话》（1790）那样的滑稽图案集和春宫图中所采纳的题材。木股知史在《接吻现象学》中细心追溯了日本文学中出现的接吻，做出了颇有意思的论证，指出《远野物语》和西园寺公园文章中出现的"对接吻这种异国风俗感到强烈不协调"。即使日本也存在着"亲嘴"这样的爱情表现，但是那只是"不足为所知"，关系到极为隐私性爱的行为绝对不是知识分子和良家子弟堂堂正正摆在嘴上说出来的事情。（《浪漫装置的诗歌——近代日本的接吻表象》，姚红译，《东亚诗学与文化互读：川本皓嗣古稀纪念论文集》，中华书局2009年版）

从以上诸人的论述来看，近代以前，日本人之于接吻的态度与中国人极为肖似，直可谓一条藤上的瓜。中日间虽不是真正的"同文同种"，但论起"风月"来还真是"同天"呢。

至于喻血轮说"中国男女接吻，始终在闺房内行之"，简白说"中国近代以前，所谓的接吻，纯是'秘戏'的玩意，曝不得光"，都是很确当的看法。

要而言之，中日古代绝非没有接吻，只是与近代西洋近代式的接吻有异。在中日来说，接吻应归入前戏的范围，属于性行为的一部分，故接吻是私密的，也是低俗的，难登大雅之堂；相反，在近代西洋来说，接吻应归入日常生活的范围，代表着单纯的男女亲昵行为，故接吻是公开的，也是健康的，甚至可以炫耀于人。简单说，在近代以前，中日一直是性爱之吻，而西洋则经历了从宗教时代到世俗时代的变迁，最终定型为恋爱之吻。及至西风东渐之后，近代的西洋接吻习惯遂被我们"拿来"，接吻与性行为始逐渐疏远，而被当作一种纯粹表示爱情的行为。

——吉卜林著名的诗句说："哦，东是东，西是西，永远不会相遇。"（Oh, East is East, and West is West, and never the twain shall meet.）但东方与西方已经相聚于一吻之中了。

最后，且让我们看看司马辽太郎小说的一段：

　　"您在京都有女人吧？"

　　"当然有。"龙马厚颜道。

　　"讨厌。"

"我也没办法。不知怎的，我有一大堆相好呢。"

"讨厌讨厌！"阿元双脚踩地，使劲捶着龙马的胸膛。龙马嘟囔着，钻进了细竹林。竹叶上的露珠落在他身上。不知何时，他已经紧紧地抱住了阿元。阿元将香唇凑了上来。龙马听说过，在长崎，相恋的男女会亲吻。

"亲我。"阿元用命令的语气说。

龙马将唇压上，拼命吸吮着那如露水般温软的玉唇。（《坂本龙马》，孙雅甜译，南海出版公司2012年版，第三部第239页）

这里写到坂本龙马听说"在长崎，相恋的男女会亲吻"，等于暗示说，日本人是从长崎的西洋人那里学到恋爱之吻的。也许司马辽太郎是一时失察，下意识地承受了小泉八云式的看法吧。

十六、西风压倒东风 过渡中的民国

众所周知，晚清以来，中国面临军政上的西力东侵，也面临文化上的西潮东被，真可谓"数千年未见之变局"。而中国人之接受西洋式接吻，当然也是这一历史浪潮造成的——只是这一历史浪潮中的一束浪花，虽甚炫人眼目，但也谈不上有多重要。

这一风气的转移，不可能是个别人登高一呼的结果，而必定是无数人的观察、无数人的尝试、无数人的模仿，才日渐造成的。

张德彝1866年（同治五年）游英时，偶然留下一个记录：

> 后上火轮车回寓，同车者有女子四人。或云西国有轻薄少年，如与女子共车过山洞时，当幽暗之区，彼以嘴啜自己手背作亲吻之声。路径通明，互相疑惑，而不

知其亲吻者为谁。(《航海述奇·欧美环游记》，岳麓书
社 2008 年第 2 版，第 517 页；按：此承友人王丁提供)

这里并不是直接地描述接吻，只是记下了西洋"轻薄少年"
假装与女子接吻的一种恶作剧，但显然张氏已了解英人接吻
的一般习俗了。

又张氏 1871 年 (同治十年) 游法，也有一个记录：

见楼下经过一车，内坐一男一女。正驰骋间，女
扶男腿，男捧女腮，大笑亲吻，殊向 (欠？) 雅相，亦
风俗使然也。(《西学东渐记·游美洲日记·随使法国
记·苏格兰游学指南》，岳麓书社 2008 年第 2 版，第
433 页；按：此承友人王丁提供)

这就是直接目击后的述闻了。

早期游历西方的人不必说，即使留心西方事物的人，也
很容易注意到西洋人的这种习俗。如清末曾任驻槟榔屿副领
事的印尼侨商张煜南，依据西洋图书的记载撰写杂事诗，其
中有一首咏英伦云：

眼光一瞥睬行人，回视朱门独立身。挑拨春心两

相照，更加亲爱接香唇。（自注：女子在门首，过路男女嬉笑无忌，皆以口啜自己首［手？］背，如其意则接吻。）（《续海国咏事诗·英吉利》，《海国公余杂著》卷三；此据 2005 年广东梅州影印本）

这是说英国女子习惯接受男子的吻手礼，遇到自己喜爱的，更愿意与他接吻。

又如中日混血的苏曼殊曾译拜伦诗《答美人赠束发镖带诗》有云：

朱唇一相就，沕液皆芬香。相就不几时，何如此意长。（此据马以君笺注《苏曼殊诗集》，珠海市政协文史资料委员会 1991 年编印，第 226 页；马以君编注《苏曼殊文集》，花城出版社 1991 年版，下册第 645 页）

又苏曼殊的友人盛唐山民（葛循叔）亦译拜伦诗《留别雅典女郎》有云：

朱唇生异香，猥近侬情切。（此据《苏曼殊诗集》，第 277 页）

而苏曼殊在描写自己与日本情人百助接吻，就借鉴了拜伦的诗句，见其诗《水户观梅有寄》：

> 偷尝天女唇中露，几度临风拭泪痕。（自注：*此译摆伦* "The dew I gather from thy lip" *句*。）（此据《苏曼殊诗集》，第 80 页；《苏曼殊文集》，上册第 29 页）

这里说的拜伦诗句，即前面所译的"朱唇一相就，沕液皆芬香"。可见西洋咏接吻的诗，也用到东洋的接吻实践里来了。

即使完全未出国门者，也不难通过间接的介绍了解此俗。如 1936 年有署名左右的作品《时事杂咏·接吻节》，其诗并序云：

> 罗马尼亚民间，每年有一接吻节。是日凡新婚妇女，各摆葡萄酒，随其姑出游，相率聚于通衢。遇有行人经过，即奉酒一杯，听行人一吻而去。倘有却之不受者，则新妇家庭，认为大辱，必与此人理论，以是往往发生争执。又美国某乡村，每年于复活节后十四日，举行接吻节。是日村人集合一处，先行一种仪式，既毕，推选二青年男子，执花饰竹竿，游行全乡，向每户收取一辨士。其有迟疑者，或不予者，则二青年可向该户女

自由接吻。因感其趣，乃为打油三首如次。

　　罗马尼亚事荒唐，吻遍娇娘不算狂。何惜牺牲一辨士，唇边赢得口脂香。

　　倘教道学骤闻之，一定含嗔以鼻嗤。那有许多林妹妹，哥哥嘴上拭胭脂。

　　颇闻妒妇作娇痴，索舌何须故吝之。莫是聊斋老居士，醉心欧化已多时。（孙爱霞整理《〈北洋画报〉诗词辑录》，天津古籍出版社 2018 年版，下册第 620—621 页）

这里说，在罗马尼亚接吻节，新娘有与陌生男客亲吻的惯例；在美国某地接吻节，各户女子有以接吻代替交费的惯例。所述风俗不知是否准确，但与前述韦斯特马克所介绍的苏格兰、英格兰风俗颇为类似（《人类婚姻史》，第二卷第 950—951 页），应有来历。此类风俗的介绍，对于国人自然有开阔眼界、触动心理的作用。以这三首诗而论，其虽因域外旧民俗而作，但语境却针对此时此地，反映出西化时代大众对接吻问题的关注。从第一首"吻遍娇娘不算狂""唇边赢得口脂香"这种句子来看，多少透露出一些艳羡的心理；而第三首"莫是聊斋老居士，醉心欧化已多时"，则表现出新旧过渡之际一种微妙的文化心理。这一作品发表时代虽已较晚，却也足以说明中西接触时代的普遍情形。

至于真正像西洋人那样的接吻，不难想象，留学生群体更有条件成为"饮头啖汤"者。张竞生在 1910 年代留法，其经验大约颇有代表性——其西式接吻经历，系发生在他与西洋女子之间：

> 我的第二次接吻，是在法国海边，对那位为我后来的情人施行的。这次不是在她颊上与在金丝发上亲吻，而是在她的口中，在她的唇中用极热烈的亲吻。那是"灵的接吻"，是接吻中达到艺术上的境界了。
>
> 以后的亲吻，不止是在唇间，在口中，而是在舌与舌的缠绕中！当我与爱人在伦敦时我须要用我舌与她舌互相纠缠中，长久不停地互相亲吻到好事毕后始休，到此灵肉一致得到满足。亲吻，成果始是达到最高峰。（《浮生漫谈》,《张竞生文集》下册；又见《浮生漫谈：张竞生随笔选》）

不过约略同时，即北洋时代，中国本土或已开始有了公开接吻的风气。台湾掌故家伍稼青写过一则轶事：

> 方地山久居天津，一日与诸名流小饮于蜀通菜馆，

众议招妓，时方中午，诸妓尚高卧，例罕应召。

独某名士自诩招某妓必能到，且一见面即可"吃鱼"（谓可接吻）。飞笺之后，某妓果即至，某名士迎抱吻之。当时风尚，诸妓侍酒，仍颇矜持。突被拥吻，以为大失面子，竟怒掴之。

地山乃高诵孟子鱼我章句曰："鱼我所欲也。熊掌亦我所欲也。二者不可得兼，舍鱼而取熊掌者也。"

合座狂笑。（《方地山高诵孟子鱼我章》,《拾趣续录》,台湾学生书局1980年版）

这是《世说新语》或《艺林散叶》式的名人轶事，细节未必准确，姑信其有。"某名士"要公开拥吻名妓，自然是西化的新派作风；不料名妓虽风尘中人，却仍守传统旧俗，羞于当众接吻，乃有怒掴名士之举。这很可见过渡时代的新旧冲突——不妨说，这是接吻问题上的白话与古文之争，或新青年派与学衡派之争。

陶晶孙写到一个小笑话：

且说在我国，某小学教师读了英语书后，回到家中对妻子说："我要体验一下接吻。"可是一试验却发现那是不可能的。即他突然意识到，四只鼻孔里出来的二氧

化碳太有毒。(《烹斋杂笔》,《给日本的遗书》,曹亚辉、
王华伟译,上海文艺出版社 2008 年版)

这是"纸上得来终觉浅"的一个教训,可见中国人学习西式
接吻过程中的尴尬。这也仍是过渡时代的特征。

张宗和在自传体小说《烽火》里,写到未婚夫妻"初试
云雨情"时,有这样的描述:

> ……首先她不会接吻,为了病,她不让他吻她,但
> 家麟一再要求,见他诚心,她也就答应了,而且在家麟
> 的教导下她也会主动把她的舌头伸到他口中,让他吮吸
> 着,渐渐的她也享受到这种甜蜜的乐趣了。(人民文学
> 出版社 2013 年版,第 366 页)

女方这一犹抱琵琶半遮面的态度,大约也属于接吻西化过程
中的常态吧。

偶尔见到三十年代一篇庐山游记有句比喻:

> 我生平总算没有和游泳池里的水亲过嘴的。这一回
> 玩黄家坡,看看天然的游泳池,实在爱好不过……居
> 然在水面顽过一回。(抱一《牯岭,避暑乎! 趋炎乎!》,

此据《〈论语〉文丛·东京花见》，上海书店出版社2015年版）

"亲过嘴"这个用语是传统的，但以接吻比拟亲密接触这种修辞作风，却应该是西化的。

我还见到一篇以接吻为主题的短小说：《一个可怖的接吻》（《永安月刊》第六十二期，民国三十三年七月；此据广东人民出版社2017年影印版第六册）。其情节大略说：一对男女婚后，因丈夫无能，女子出轨，而又悔其所为；为了证明自己对丈夫的爱，就在与出轨对象接吻时咬断他的舌头，将舌头带回去给丈夫看，而丈夫却难以接受她的残忍。这个情节，有点像前述褚人获《坚瓠集·广集》那个"因奸被啮其舌"的故事。不同的是，在这篇小说里，女主角不是在做爱时咬断对方舌头，只是在单纯接吻时咬断对方舌头，而且该女觉得此举能证明自己对丈夫的爱。这个故事似暗含了一个前提：接吻不等于性爱，故她利用接吻伤害对方并不算失身——这应该属于西洋式的接吻观了。

最后，且让我们看看张爱玲笔下的接吻。

在前些年始公布的遗作《小团圆》里，张爱玲借角色盛九莉与邵之雍，写了当年的自己与胡兰成，其中有这样一段：

有天晚上他临走，她站起来送他出去，他揿灭了烟蒂，双手按在她手臂上笑道："眼镜拿掉它好不好？"

她笑着摘下眼镜。他一吻她，一阵强有力的痉挛在他胳膊上流下去，可以感觉到他袖子里的手臂很粗。

九莉想道："这个人是真爱我的。"但是一只方方的舌尖立刻伸到她嘴唇里，一个干燥的软木塞，因为话说多了口干。他马上觉得她的反感，也就微笑着放了手。（《张爱玲全集·小团圆》，北京十月文艺出版社2009年版，第145—146页）

"一个干燥的软木塞"这样的比喻，让人哑然失笑。这既显出她对前夫的冷眼，也显出她对自己的冷眼——也未必不是显出她对西式接吻的冷眼。

余论

接下来，本该是 1949 年之后的接吻，也就是接吻的当代史了。但从史料立场来看，这几乎等于另一个领域，不是我能讨论的，也不是我愿讨论的。

简单的事实是：1949 年之后，私底下的接吻当然不至于彻底消失，但在禁欲主义的处境下，接吻作为一种西方"文化侵略"下的习惯，一种"资产阶级生活情调"，从此在视觉和话语中春梦无痕，是不难想象的。

而接吻的消失与归来，我想应该以电影的表现作为时代标识。

关于当代第一部吻戏，我搜索到两种说法：一说是滕文骥、吴天明合作导演的《生活的颤音》（1979），女主是冷眉——传闻拍吻戏时，男女主角都在嘴唇上贴上透明薄膜；一说是黄祖模导演的《庐山恋》（1980），女主是张瑜。也许《生活的颤音》才是第一部，只是远不及《庐山恋》影响巨大。而在这两部戏里，亲吻都只是蜻蜓点水，而且还不是"做个吕字"式的亲吻。

但应该说，接吻成为一种禁忌，并不是"不爱红装爱武装"时代的专利。左翼和右翼的政治都有其禁欲主义，都有封印接吻的行径。

我们最为熟悉的，自然是多纳托雷执导的《天堂电影院》。在主人公多多（Totò）的童年时代，在西西里播放电影，要先由天主教神父审查，故凡有接吻镜头一律剪掉。而这样，才有了电影里那个伟大的结尾：当数十年后，多多回到故乡，已故的放映员艾费多（Alfredo）给他留下一份礼物——历年被剪掉的所有接吻镜头，都剪辑到一起。接吻史的研究者称之为"电影史上最令人心碎的画面"，"吻在这里成为一种怀旧的象征，唤起那些几被遗忘、单纯美好的时光"（《Kiss！吻的文化史》，第 25 页、第 26 页）。

甚至也不止保守的西西里岛如此，日本电影史家佐藤忠男甚至说，"在太平洋战争结束之前，西方电影中所有的接吻镜头都会被国家的审查机构剪掉"（《炮声中的电影：中日电影前史》，岳远坤译，世界图书出版公司 2016 年版，第 3 页）。

至于本来不解西式接吻风情的日本，在天皇制和军国主义的双重压抑下，电影播放也一如西西里岛。战后美军依靠"强迫他自由"的手段，才一举扭转其风气。周作人曾提到

近代的情形:

> ……内田鲁庵译了一本显克微支的小说《第三人》（*Pa Tria*），改名《二人画工》，预备出板，却被政府禁止了，问他的理由，曰"因为书里的接吻太多"！（《抒真〈犯接吻〉附记》，《周作人集外文［1904—1945］》第二册）

李长声则描述了后来的情形:

> 天皇统率全民搞侵略战争的年代，接吻被视为西方颓废主义的玩艺儿，外国电影的接吻镜头一律剪掉，大扫其黄。但战败以后，美国人占领，开始给日本人洗脑，以民主之名推行美国文化。……美国人抱怨不知道日本人在想什么，也包括接吻，偷偷摸摸的。"日本电影里男女相爱时为什么不接吻？这不奇怪吗？"奉占领者之命，《二十岁的青春》加上了两个接吻的镜头，便成为"日本第一部接吻电影"。虽然美国男朋友特训了一通，那女主角还是吻得很笨拙，但已经足以使影院里一片兴奋，咽口水的，发怪叫的，个把小时的电影靠几秒钟的接吻镜头大卖特卖。为提高接吻技术，1950年那

位以李香兰之名在中国红极一时的女演员山口淑子还跑到美国去研究一番。二人相拥而吻，确实显得男女很对等，以至很民主，但也有人批评，接吻电影是滥用民主主义之下给予的新自由。(《单说接吻，不说天皇》，《日边瞻日本》)

自然，禁欲主义早已烟消云散，无问西东，如今接吻已是司空见惯浑闲事。我们虽在大陆，也听惯了来自台湾的"轻轻的一个吻/已经打动我的心"，或来自香港的"我和你吻别/在狂乱的夜"。先有港台流行文化的中介，继之以西洋文化的直播，中国人在接吻问题上已可谓"全盘西化"了。

如果说，从《十八摸》到《阿Q正传》的"和尚摸得，我摸不得"，仍带有性意味，反映了低俗的旧格调；那么，《鹿鼎记》的"大功告成，亲个嘴儿"，则更多是表达亲密欢喜之意，用词虽是旧的，精神却是新的，实质上已是一种"中体西用"的示爱方式了。

在此，还要讨论一个特别的问题：妓女与接吻。据说妓女接客普遍有拒绝接吻的惯例，理由是肉体代表性，吻代表爱，性可以交易，爱不可以交易。这意味着什么呢？

要知道，这绝不是中国烟花史的传统。《金瓶梅词话》第八十回附有一首咏娼妓的七律：

堪笑烟花不久长，洞房夜夜换新郎。两只玉腕千人枕，一点朱唇万客尝。造就百般娇艳态，生成一片假心肠。饶君总有牢笼计，难保临时思故乡。（按：清代郭小亭《济公全传》第二十五回将此诗安给了济公，文本稍有差别："烟花妓女俏梳妆，洞房夜夜换新郎。一双玉腕千人枕，半点朱唇万客尝。装就几般娇羞态，做成一片假心肠。迎新送旧知多少，故落娇羞泪两行。"）

只需要这一例，只需要"一点朱唇万客尝"这一句，即足以证明，在中国风月传统中，妓女与客人接吻是再寻常不过的。而今日接客不接吻的惯例，应是后起的风气。我想，这是受到了舶来的接吻观念——即将接吻视为恋爱的标志、纯情的标志——的熏习才形成的。这种惯例，可理解为是"最后的倔强"，吻要留给真正的爱人，概不出卖。

以出卖身体为业者，尚且将接吻视为最后的纯情所在，最体现出西式接吻观在中国社会渗透的程度之深。

在接吻问题上，全球化已是一个事实，无关乎自由主义或新左派。

西洋式的接吻已无远弗届，一统天下。它可以继续征服的领域，恐怕只剩下二次元的世界了。

《小姐与流浪狗》的动物接吻图

变形金刚接吻图

日本空山基的机械人拥吻图

事实上，在迪斯尼动漫《小姐与流浪狗》（又译《小姐与流氓》）里，在变形金刚的所谓"拆卸"文化里，在日本插画家空山基的机械姬造型里，动物和机器人也会示爱，也会接吻了。

外编

中国人的口臭问题及其解决
——接吻的关联性研究

接吻是被赋予形而上浪漫色彩的行为，但实基于一个绝对形而下的物质基础，即口腔卫生，具体说就是要保持口气清新，避免口臭。若说接吻是恋爱的"上层建筑"，则口腔卫生就是其"经济基础"了。因此之故，讨论接吻的中国史，必须同时梳理出口腔卫生的中国史。

一、中国人的口臭问题

口臭问题，有古今之别，无东西之异。中国人确实存在口臭问题，正如外国人也存在一样。

唐代入华的阿拉伯商人有一个观察：

> 印度人使用牙枝：他们如不用牙枝刷牙和不洗脸，是不吃饭的。中国人没有这一习惯。（《中国印度见闻录》，穆根来、汶江、黄倬汉译，中华书局1983年版，第24页；按：旧译作："印度人［用牙枝］剔牙。在印度，决没有人不剔牙不洗身就吃饭的。中国人没有这习惯。"［《苏莱曼东游记》第一卷，刘半农、刘小蕙译，华文出版社2016年版，第47页］）

阿拉伯人特重个人卫生。这位商人自西徂东，在中印两地都有阅历，他见到印度人有以杨枝刷牙的习惯，而中国人则没有。一般皆据此认为，中国人当时不刷牙，也没有牙刷。

而南宋时入华的日本僧人道元也有一个观察：

　　……大宋国而今杨枝衰而不见。嘉定十六年癸未四月中，始于大宋见诸山诸寺，知杨枝（之僧侣）者无，朝野贵贱同不知。僧家以其不知故，若问着杨枝法，则失色失度。可怜白法失坠！虽有才知漱口者，然（彼等）只将牛尾切成寸余，将大约三分之牛角作成方形，长六七寸，其端约二寸，作如马鬃形，以之洗牙齿。难谓僧家之用器，是不净之器也，非佛法之器。俗人祠天，亦尚嫌之。又使器者，俗人、僧家皆用之拭鞋尘之器，梳鬃时亦用也。虽有些许大小，然是一也。用彼器者，万人中一人也。

　　是故，天下之出家在家，其口气皆甚臭，即便隔二三尺，说话时，口臭飘来，难以忍受。虽称有道之尊宿，号人天之导师者，亦无人知有漱口、刮舌、嚼杨枝之法。以此而推知，知佛祖之大道而今已见陵夷者，不知几许！而今吾等不惜露命，远涉万里苍波，访道于异域之山川，（见其）浇运，实可悲！究有多少白法已断绝没？实可惜矣！

　　然则，日本一国，朝野道俗，皆见闻杨枝，是即见闻佛光明矣！而嚼杨枝者，其不如法，不传刮舌之法，可谓草率！然比之宋人不知杨枝之法，此乃知须用杨枝者，则自是知上人之法也。仙人之法中，亦用杨枝。当知皆是出尘之器也，清净之调度也。(《正法眼藏》第五十"洗面"，何燕生译注，宗教文化出版社 2017 年修订版，第 404—405 页。按：道元对用杨枝洁齿的古法推崇至极，谈到佛教徒随身用具时更有谓："此十八种物，一个也不可欠缺。若欠缺，则如鸟失一翼，虽剩一翼，而飞行不能，岂为鸟道之机缘？菩萨亦复如是。十八种翼若不全备，则不能行菩萨道。十八种之中，杨枝已居第一，故须最初具足。若明究此杨枝用之与否者，则明究佛法，当为菩提萨埵未曾明究者，则于佛法梦也未见也。是故，见杨枝者，即见佛祖也。")

日本僻处海东边陲，历来重视保守传统，当时其国佛徒仍保持印度式嚼杨枝洁齿的习惯；而据道元所见，同时的中国人已完全弃用杨枝，而改以牛尾、牛角做成刷子来刷牙，但刷牙的刷子似与刷鞋、梳头的刷子不甚区别，而且这种牙刷子的使用也不普遍，故僧众普遍存在口臭问题。道元对杨枝虽有夸张的情结，但其观察仍有现实依据。

以道元的宋代见闻与阿拉伯人的唐代见闻对照，颇相呼应，似能说明在口腔卫生方面，彼时中国人还不及阿拉伯人、印度人和日本人那么讲究。

但中国人这边，其实很早就注意到口臭问题了。

战国时有个相当著名的蛇蝎美人故事，照今日的说辞，也是一个"宫斗"故事，主角名为郑袖。见《战国策·楚四·魏王遗楚王美人章》：

> 魏王遗楚王美人，楚王说之。夫人郑袖知王之说新人也，甚爱新人。衣服玩好，择其所喜而为之，宫室卧具，择其所善而为之，爱之甚于王。王曰："妇人所以事夫者，色也；而妒者，其情也。今郑袖知寡人之说新人也，其爱之甚于寡人，此孝子所以事亲，忠臣之所以事君也。"郑袖知王以己为不妒也，因谓新人曰："王爱子美矣。虽然，恶子之鼻。子为见王，则必掩子鼻。"新人见王，因掩其鼻。王谓郑袖曰："夫新人见寡人，则掩其鼻，何也?"郑袖曰："妾知也。"王曰："虽恶，必言之。"郑袖曰："其似恶闻君王之臭也。"王曰："悍哉!"令劓之，无使逆命。

又见《韩非子·内储说下六微》说三：

> 荆王所爱妾有郑袖者。荆王新得美女，郑袖因教之曰："王甚喜人之掩口也，为近王，必掩口。"美女入见，近王，因掩口。王问其故，郑袖曰："此固言恶王之臭。"及王与郑袖、美女三人坐，袖因先诫御者曰："王适有言，必亟听从王言。"美女前，近王甚，数掩口。王悖然怒曰："劓之！"御因揄刀而劓美人。

> 一曰：魏王遗荆王美人，荆王甚悦之。夫人郑袖知王悦爱之也，亦悦爱之，甚于王，衣服玩好择其所欲为之。王曰："夫人知我爱新人也，其悦爱之甚于寡人，此孝子所以养亲，忠臣之所以事君也。"夫人知王之不以己为妒也，因为新人曰："王甚悦爱子，然恶子之鼻，子见王，常掩鼻，则王长幸子矣。"于是新人从之，每见王，常掩鼻。王谓夫人曰："新人见寡人常掩鼻，何也？"对曰："不已［己］知也。"王强问之，对曰："顷尝言恶闻王臭。"王怒曰："劓之！"夫人先诫御者曰："王适有言，必可从命。"御者因揄刀而劓美人。

《韩非子》记录了同一故事的两种文本，后一种文本与《战国策》所载略同，显然同出一源。而基本情节则大同小异，即楚怀王有了新宠，旧宠郑袖假装不妒忌，甚至待她似乎比楚王还要体贴；等楚王和新宠都信任她之后，她就两头设局，令楚王误以为新宠讨厌其体臭，遂对她痛施割鼻之刑。观三种文本，《战国策》曰"君王之臭"，《韩非子》则曰"王之臭""王臭"，那么，楚王的"臭"究竟何指呢？具体指什么地方臭呢？

再来看第四种文本，《太平御览》卷三六七引《韩非子》作：

> 魏王遗楚美女，楚王悦之。夫人郑袖谓新人曰："王甚爱子，然恶子鼻，见王常掩鼻，则王长幸子。"于是新人从之。王谓夫人曰："新人见寡人常掩鼻何？"对曰："言恶闻王口虤（臭）。"王怒甚，因劓之。

以此比勘《韩非子》的两种文本，这显然是后一种文本的缩略，但有个最特别的异文，即"王臭"成了"王口臭"——过去《韩非子》的整理者都没有留意《太平御览》此段引文，也就没有留意此处异文（见王先谦《韩非子集解》，中华书局1998年版，第249—251页；梁启雄《韩子浅解》，中华书局1960年版，第256—257页；陈奇猷《韩非子新校正》，上海古籍出版社2000年版，上册第634—636页）。综合《战国策》《韩非子》的版本来看，《太平御览》这一引文未必有原始的文本依据，“王口臭”未必就是原文，可能只是引用者就文意增改的，融入了编辑者的理解。但就上下文的情理来说，这一理解却是很合理的。易言之，原文虽只说“王臭”，但可能就是指口臭而言的（参范行准《中国病史新义》，中医古籍出版社 1989 年版，第 753 页）。

除了楚王口臭的故事，还有越王口臭的故事。据《吴越春秋》卷七《勾践入臣外传》：

> 越王从尝粪恶之后，遂病口臭，范蠡乃令左右皆食岑草，以乱其气。（元徐天祜注：《会稽赋》注：“岑草，蕺也，菜名，撷之小有臭气。凶年民斸其根食之。”《会稽志》：“蕺山在府西北六里，越王尝采蕺于此。”）

这是说，越王勾践为了获取吴王夫差的信任，不惜为之尝粪问病，结果因此患了口臭。而范蠡很是“贴心”，让越王手下都含服一种有臭味的草，人人嘴里都有味道，也就不显得越王有口臭了。

就人物年代来说，越王勾践在前，楚怀王在后；但就文献年代来说，《战国策》《韩非子》在前，《吴越春秋》在后。所以，楚王的事情看起来固然近于野史，而越王的事情就更像是传说了。我们不必认为越王、楚王真有此事，只需将此作为反映口臭问题的早期史料看待即可。总之，由这两个故事，大体可见秦汉以前还缺乏有效的去降口臭方法，口臭问题仍相当普遍。

此外，在接吻史的第四部分，已引用过西汉初期的出土文献《妄稽》，其中有这样两句：

> 口臭腐鼠，必欲钳须。(《北京大学藏西汉竹书》
> [肆]，第60页）

意思不难理解，就是说这位叫"妄稽"的女子，有口臭却喜欢接吻，非常难顶。此区区八字，简单而明确，说明时人已充分认识到口气清新之于接吻的重要性。

还有个关于口臭的唐代掌故。据唐孟棨《本事诗·怨愤第四》：

> 宋考功天后朝求为北门学士，不许，作《明河篇》以见其意，末云："明河可望不可亲，愿得乘槎一问津。更将织女支机石，还访成都卖卜人。"则天见其诗，谓崔融曰："吾非不知之问有才调，但以其有口过。"盖以之问患齿疾，口常臭故也。之问终身惭愤。（按：此事

又见《古今诗话》《诗话总龟》《唐诗纪事》，参周勋初
主编《唐人轶事汇编》，上海古籍出版社1995年版，第
一册第443页）

"宋考功"即诗史上留名的宋之问。"北门学士"系武则天专
门提拔的智囊团队，因特许他们由北门（即玄武门）出入禁
中，故有此称。王素指出"北门学士"实有内廷秘书性质，
在女主左右工作，故要讲究口腔卫生（《三省制略论》，齐鲁
书社1986年版，第243页）。宋之问作诗向武后求为"北门
学士"这件事，未必可靠；至于他患有口腔疾病以致口臭，
有可能是真的，也有可能是假的，因为他人品太差，被人编
排也是有的。但这个故事至少从侧面说明，直到中古时代，
口臭问题仍不易解决。

二、口臭的解决方法

在用杨枝刷牙的印度方法通过佛教传入中国之前，中国人可能确不知道刷牙，但绝非没有清洁口腔的方法。阿拉伯商人说中国人不刷牙，实际上是不用杨枝刷牙——这只是一个片面的观察。

中国人自有清洁牙齿的方法：即漱口，剔牙，揩齿。漱口，剔牙，揩齿，加上学来的刷牙，都属于给牙齿"做减法"，可谓"消极"的方法。此外，至少还有含香和药物治疗，属于给口腔"做加法"，可谓"积极"的方法。以下分别一一细述。

总而言之，口气清新，中国人也可以！

（一）传统方式之一：漱口

有史以来，中国人最普遍的口腔清洁方式，应是漱口。

早晨起床漱口是最基本的功课，也是上古时代的重要礼仪。《礼记·内则》有多条重复的规章：

> 子事父母，鸡初鸣，咸盥漱……
>
> 妇事舅姑，如事父母。鸡初鸣，咸盥漱……
>
> 男女未冠笄者，鸡初鸣，咸盥漱……
>
> 凡内外，鸡初鸣，咸盥漱……

起床要漱口，饭后也要漱口。医史专家范行准有相当细致的考述：

> ……古代的统治阶级已很重视漱口，并列入仪礼的范围，成为每天不可缺少的生活礼节，所以《礼记·内则》云："鸡初鸣，咸盥漱。"《说文》："漱，荡口也。"漱，亦作"嗽"。《释名·释饮食》云："漱促也。用口急促也。"今人尚有以漱口为"荡口"者。古时食必漱口，是一种社交上的礼节。《仪礼·公食大夫礼》曰："宾卒食，会饭三饮。"郑玄注曰："三漱浆也。"这是宾客食后须荡口三次的礼文。此种荡口，亦称"虚口"，有用浆漱与用酒漱之异。《礼记·曲礼上》曰："主人未辩，客不虚口。"郑玄注曰："虚口，谓酳也。"陆德明以为以酒漱口曰酳，以水嗽口曰漱。（按：见《经典释

文》卷十一）孔颖达曰："虚口，谓食竟饮酒荡口，使清洁及安食也。用浆曰漱……用酒曰酳。"……荡，同"盪"。盪本涤器，作为涤除滓垢之用。故《释名·释语言》曰："荡，盪也。排盪去秽垢也。"则"盪口"即食毕用水漱口，盪除齿缝间滓秽之物。很可能当时已有漱杯一类工具。（《中国病史新义》，中医古籍出版社1989年版，第755页）

迄于后世，漱口始终是中国清洁口腔的主要习惯，不待细表。

苏轼曾介绍过一个以茶漱口的小秘方：

除烦去腻，世不可阙茶，然闇中损人殆不少。昔人云："自茗饮盛后，多患气，不复病黄，虽损益相半，而消阳助阴，益不偿损也。"吾有一法，常自珍之。每食已，辄以浓茶漱口，烦腻既去，而脾胃不知。凡肉之在齿间，得茶浸漱之，乃消缩不觉脱去，不烦挑刺也。而齿便漱濯，缘此渐坚密，蠹病自已。然率皆用中下茶，其上者自不常有，间数日一啜，亦不为害也。此大是有理，而人罕知者。（《漱茶说》；此据张志烈、马德富、周裕锴主编《苏轼全集校注》，河北人民出版社

2011年版，第二十册第8445页。按：《仇池笔记》"论
茶"条内容相同，惟文本稍简略："除烦去腻，不可缺
茶，然暗中损人不少。吾有一法，每食已，以浓茶漱
口，烦腻既出，而脾胃不知。肉在齿间，消缩脱去，不
烦挑刺，而齿性便若缘此坚密。率皆用中、下茶，其上
者亦不常有，数日一啜不为害也。此大有理。"）

东坡的秘诀实在于浓茶，论方法，仍不脱传统的饭后漱口那
一套。到了《红楼梦》，仍写到晚饭后以茶漱口（《剔牙杖》，
扬之水《终朝采蓝：古名物寻微》，三联书店2008年版）。

（二）传统方式之二：剔牙

漱口这种清洁方法，不需要什么特殊工具，自然也不易
留下什么物证。相反，剔牙倒是留下更古老的考古证据。

早在殷商时期，中国人就对口腔疾病有相当认识，特别
是对龋齿已有可信的记录（周宗歧《殷虚甲骨文所见口腔疾
患考》，《中华口腔科杂志》1956年第3号）。古生物学家更
发现，殷人遗骸有"类似剔牙的痕迹"，"其形态为颊舌向的
光滑浅槽，颊侧端较宽较深。不同于浸蚀症状，除剔牙痕迹
外，似无更好的解释"。（毛燮均、颜訚《安阳辉县殷代人牙
的研究报告（续）》，《古脊椎动物与古人类》第1卷第4期，

1959 年 4 月）当然，这只是依据牙齿的痕迹做判断，缺乏工具实物。

五十年代，河南洛阳中州路（西工段）M2717 号东周墓出土八支骨签，最长者 6.9 厘米，最短者 5.8 厘米；这种用具，有学者认为是牙签，也有学者认为是食具，还有学者认为，既可用来戳取食物，亦可用来剔牙（据倪方六《古人爱随身带的三个小物件：齿签、耳挖勺、梳刷》，原载《北京晚报》2016 年 11 月 3 日）。这至少称得上疑似物证了。

清代俞樾《茶香室丛钞》卷二十"剔齿纤"条云：

国朝乔松年《萝藦亭札记》云："陆云与兄机书，记曹公器物有剔齿纤。此即今所用剔齿之牙签。"按：《陆清河集·与兄平原书》第一通云："疏枇剔齿纤缝皆在。"第四通云："取其剔齿歼一个，今以送兄。"字有"纤""歼"之异，未知有误否？……近读赵文敏诗，云"食肉先寻剔齿签"，则宋元时已有之矣。按赵诗正本《陆清河集》也。陆集所言曹公器物，又有"拭目黄絮二"。（此据中华书局 1995 年版，第一册第 431 页；按：检严可均《全上古三代秦汉三国六朝文》全晋文卷一百二，陆云书"疏枇剔齿纤缝皆在"，"疏"作"梳"）

这是说，曹操的遗物里有"剔齿纤（歼）"的名目，而仅由这个名称来看，即可相信就是剔牙的专门用具。此物虽不知质地，但既是可流传的遗物，必属硬度较高且不易腐朽者，则应即后世的剔牙杖了。赵文敏即赵孟頫，其诗中有"剔齿签"之语，俞樾认为他正是用了陆机"剔齿纤"的旧典。

剔牙杖至少在明以后很常见。扬之水《剔牙杖》一文有专门考述：

> 剔牙杖在明代是随身携带的各种卫生小用具之一。屠隆《考槃余事·文房器具笺》"途利"条云："小文具匣一，以紫檀为之，内藏小裁刀，锥子，空耳，挑牙，消息，修指甲刀，剁指，剔指刀，发刷，镊子等件。旅途利用，似不可少。"所谓"途利"，是文人专为这种出行所用的小文具匣起的名字。……明代也常把挖耳、挑牙、镊子、剔指刀等合成一套作为佩系，材质或金或银，事件儿或三或二，而均可称作"三事儿"。（按：《考槃余事》应是托名屠隆之作，见汪超宏《屠隆集·出版说明》，浙江古籍出版社 2012 年版）

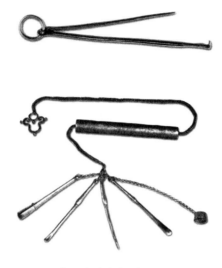

扬之水《剔牙杖》插图

明代有首无名氏的散曲《闺房十事·牙杖》：

> 清香满腹。四方志小，一寸心虚。此身不厌频拘
> 束，世味难疏，不尖着肉自出。暂时韫匵藏诸。开怀
> 处，春纤半屈，花蕊上蜂须。（此据谢伯阳编《全明散
> 曲》，第四册第 4798—4799 页）

这是一首咏物拟人之作。所谓"此身不厌频拘束……暂时韫
匵藏诸"，意谓平时放在匣中保存，正与扬之水所引《考槃

余事》"小文具匣一，以紫檀为之，内藏小裁刀，锥子，空耳，挑牙……"的描述契合。末尾"开怀处，春纤半屈，花蕊上蜂须"，似指女子在谈笑时随手把牙杖当成发簪来用，"蜂须"本指蜜蜂触须，一般比喻女子的秀发。——值得注意的是，此处用"春纤"来形容牙杖，似乎是陆机《与兄平原书》"剔齿纤"之名的遗风。

扬之水还引了明人陆深的诗《霜后拾槐梢制为剔牙杖有作》：

> 金篦与象签，净齿或伤廉。青青槐树枝，一一霜下尖。偶闻长者谈，物眇用可兼。搜剔向老齼，其功颇胜盐。（《俨山续集》卷一）

"金篦与象签，净齿或伤廉"，意谓世间有金或象牙制作的剔牙杖，未免太过奢侈，何妨用槐木枝来做呢？末两句是说，用剔牙杖的好处，胜过了用盐水漱口。

（三）传统方式之三：揩齿

在使用牙刷刷牙以前，揩齿也属于重要的口腔清洁方式之一。可以想象，揩齿，尤其是简单地用手指揩齿，是很自然的清洁方式，几乎不需要特别"发明"——恐怕正因此，这种清洁方式不见于早期文献。今大体依据孟晖《唐人揩齿宋人刷牙》一文（《唇间的美色》，山东画报出版社2012年版）的讨论，转述文献如下。

法门寺地宫出土的唐咸通十五年（公元874年）衣物帐碑，系皇室、贵戚及宦官供奉佛舍利（所谓"真身"）的物品清单，其中有：

> 巾子五十枚，折皂手巾一百条，白异纹绫手巾一百条，揩齿布一百枚，红异纹绫增夹皂四条。（此据韩伟《法门寺地宫唐代随真身衣物帐考》，《文物》1991年第5期）

此处有专门的"揩齿布"名目，可见揩齿在当时应甚普遍。

唐代孙思邈《备急千金方》卷六"齿病"条：

> 每旦以一捻盐内口中，以暖水含，揩齿及叩齿百遍，为之不绝。不过五日，口齿即牢密。（按：明朱橚《普济方》卷六十五牙齿门引此）

又唐代王焘《外台秘要》卷第二十二"升麻揩齿方"条：

……每朝，杨柳枝咬头软，点取药揩齿，香而光洁。

北宋王衮《博济方》卷三"揩齿七圣散"条：

牢牙益齿。……每日早揩，须臾，漱口。

又"揩牙乌髭地黄散"条：

歌曰：野客自仙乡，来呈变发方。……药成将揩齿，功效实难量。不惟髭发黑，兼亦寿延长。……罗为末，如齿药用之。

又"乌髭鬓揩齿法"条：

……其药以为黑灰，收之，并细为末，每日夜用之揩齿。一如后法：揩齿法，欲使药时，用生姜一块如杏仁大，烂嚼须臾，即吐却滓，以左手指揩三五遍，就湿指点药末，更揩十数遍……

北宋官修《圣济总录》卷第一百二十一口齿门"揩齿"条更

罗列各类"揩齿"药方二十七种。

至此，我们不难发现，有关"揩齿"的文献记录，都属于医书范畴。揩齿是否专属于一种医疗性质的口腔清洁呢？不是的。试看《圣济总录》"揩齿"药方里的若干内容：

> 揩齿丹砂散方：……捣研为末令细，每日如常揩齿。
>
> 揩齿防风散方：……捣研为散取细，每日如常揩齿。
>
> 揩齿白芷散方：……捣研为细散，早夜用，如常揩，益牙齿，去恶气。
>
> 揩齿皂荚散方：……同研为散，每日如常揩齿。
>
> 揩齿细辛散方：……捣罗为散，取细，每日如常揩齿。
>
> 揩齿升麻散方：……候冷捣研为散，如常揩齿。
>
> 揩齿莲子草散方：……取出捣罗为散，每如常揩齿。
>
> 揩齿龙花蕊散方：……捣为散，日常用揩齿。
>
> 当归散方：……烧成黑灰，入烧盐同和，揩牙如常漱之。

从"每日如常揩齿""日常用揩齿""揩牙如常漱之"这类话来看，说明揩齿本是日常清洁行为，是与漱口一同进行的，只不过有牙病时就另加上药物而已。孟晖据此认为，"在北宋时代，天天清理牙齿、早晚进行两行，已经成了常识"。这是可以成立的。

最后，再看元好问《续夷坚志》卷三"揩牙方"条：

> 茯苓、石膏、龙骨各一两，寒水石二两半，白芷半两，细辛五钱；石燕子大者一枚、小者一对，末（抹）之，早晚揩牙。繁時王文汉卿得此方于麟抚折守，折守得于国初洛阳帅李成。折年逾九十，牙齿都不疏豁，亦无风虫。王文今亦九十，食肉尚能齿决之。信此方之神也。

此虽属特例，然亦可见揩牙法的效果。

（四）拿来主义之一：从杨枝到牙刷

印度气候炎热潮湿，树木随地皆有，故印度人因地制宜，形成通过嚼杨枝来洁齿的方式，佛教亦承其风习。据刘铭恕《〈苏莱曼东游记〉证闻》（《刘铭恕考古文集》下卷，河南人民出版社 2013 年版）、《中国印度见闻录》补注（第88 页）所举，其记录见诸最早流行中国的律经《十诵律》（弗若多罗译）卷第四十明杂法之五：

尔时听作时节两时、夜时、昼时、七日时、常坐时，不嚼杨枝口中气臭，共相谓言："佛听我等嚼杨枝者善。"是事白佛，佛言："听嚼杨枝。有五利益：一者口不苦，二者口不臭，三者除风，四者除热病，五者除痰癊。复有五利益：一者除风，二者除热，三者口滋味，四者能食，五者眼明。"（按：《法苑珠林》卷第九十九"净口部"引《十诵律》作："时有比丘，不嚼杨枝，口中气臭。白佛，佛言：'听嚼杨枝。有五利益：一口不苦，二口不臭，三除风，四除热病，五除痰癊。复有五事利益：一除风，二除热，三口味，四能食，五眼明。'"又引《四分律》云："不嚼杨枝有五过失：一口气臭，二不善别味，三热癊病不消，四不引食。五眼不明。"）

又见唐代玄奘《大唐西域记》卷二"印度总述·馔食"条：

馔食既讫，嚼杨枝而为净。

又见于唐代义净《南海寄归内法传》卷一"朝嚼齿木"条：

每日旦朝，须嚼齿木。揩齿刮舌，务令如法。盥漱

清静，方行敬礼。若其不然，受礼礼他，悉皆得罪。其
齿木者，梵云"惮哆家瑟诧"，"禅哆"译之为"齿"，
"家瑟诧"即是其木。长十二指，短不减八指，大如小
指，一头缓。须熟嚼良久，净刷牙关。若也逼近尊人，
宜将左手掩口。用罢擘破，屈而刮舌。或可别用铜铁，
作刮舌之篦。或取竹木薄片，如小指面许，一头纤细，
以剔断牙，屈而刮舌，勿令伤损。……

义净所记十分细致。"盥漱清静，方行敬礼。若其不然，受
礼礼他，悉皆得罪"，非如此不得行礼，可见佛教对口腔卫
生十分重视。这里的"齿木"即杨枝，"长十二指，短不减
八指"，可见杨枝的长度；"大如小指，一头缓"，即一端较
粗，另一端尖细，可见杨枝的形状。洁齿时须将杨枝用牙
嚼，还要刮舌、剔牙，可见印度式洁齿方式是很细致的。下
文又云：

牙疼西国迥无，良为嚼其齿木。……然五天法俗，
嚼齿木自是恒事，三岁童子，咸即教为，圣教俗流，俱
通利益。既申臧否，行舍随心。

由此可见印度嚼杨枝的普遍及其效果。

需要说明，嚼杨枝的"杨枝"，只是佛经"格义"式的翻译，约定俗成，但并不准确。所谓"杨枝"，并非取材于中土的杨柳，义净特别说明："西国柳树全稀，译者辄传斯号。佛齿木树实非杨柳，那烂陀寺目自亲观。"

透过佛教，嚼杨枝法传到了中国，也传到了日本。医学史家一般承认，"印度通过佛教对中国人卫生习俗的影响，刷牙洁齿为一大端。"（马伯英、高晞、洪中立《中外医学文化交流史——中外医学跨文化传通》，文汇出版社 1993 年版，第 162—166 页）不过需要注意，印度式洁齿，大体是利用自然物来制作工具，虽较之中国式漱口可能更有效果，但与后来用人造牙刷刷牙仍有距离。佛教嚼杨枝的习惯，固然促进了中国僧徒乃至世俗重视口腔清洁的风气，但真正的植毛牙刷，倒更可能是中国人的发明。

早就有中国学者指出，世界上最早的人造牙刷实物，发现于十世纪的辽墓（周宗歧《辽代植毛牙刷考》，《中国口腔科杂志》1956 年第 3 期）。而至今为止，早期牙刷的实物皆为辽墓出土（十至十一世纪），而牙刷的文字记录至南宋时始见（十二世纪），故有论者更认为牙刷可能即在契丹民族中产生（黄义军、秦彧《中国古代牙刷的起源与传播——不同文明互动的一个范例》，《中国社会历史评论》第十五卷，天津古籍出版社 2014 年版）。但辽墓所见的牙刷几乎皆用兽骨制作，且北方气候干燥，故能保存至今；而江南地区的牙刷实物，最早只见于明墓，此与使用木料制作牙刷的因素有关，也与南方气候潮湿的因素有关。故仅据现存实物，不足以证明牙刷即为辽人发明。孟晖指出，南宋李嵩的名作《货郎图》中可见大小毛刷，南宋墓葬中亦有"竹柄棕刷"，"断残，用七层竹片粘合，残存棕毛几撮，残长14厘米"，两相印证，说明宋代已有牙刷（《唐人揩齿　宋人刷牙》）。

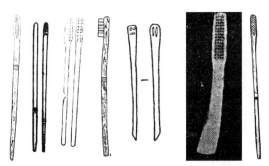

黄义军、秦彧《中国古代牙刷的起源与传播》附图

退一步说，即便承认牙刷在辽国创始，也没有关系。不必说契丹人后来完全融入中国人里，即在契丹统治北方时，当地族群也以汉人占绝对多数。因之，目前将牙刷的发明权归于中国人，大体是没有问题的。

钱锺书很早就在笔记里讨论过牙刷问题：

郭钰《静思集·郭恒惠牙刷得雪字》:"南州牙刷寄来日,去腻涤烦一金直。短簪削成玳瑁轻,氷丝缀锁银鬘密。"按牙刷入诗,仅见此。墨憨斋《黄莺儿·村妓》云:"这娇娃,吴城香刷,从未贱君牙。"盖入明亦惟南人制用此物也。《太平御览》卷七百十四"刷"部皆言发刷,无牙刷也。吴自牧《梦粱录》卷十三"铺席"条金子巷口"傅官人牙刷铺"。《柏枧山房诗集》卷十《咏牙刷》七律云"矗矗君牙幕府高,此中容尔擅挥毫"云云。(《容安馆札记》第四百二十一则,此据《牙刷入诗》,"钱锺书研究"公号 2021 年 9 月 28 日;按:《柏枧山房诗集》的作者是清代梅曾亮,生于十八世纪末期)

钱氏主要着眼于集部文献,所论亦甚简略,但亦可谓导夫先路了。

据我所见,讨论牙刷问题最详细者,是宋红《中国人使用牙刷考》一文(载《周绍良先生纪念文集》,北京图书馆出版社 2006 年版)。其看法大致是:中唐以前,中国人只通过漱口洁齿,并不知道利用工具,至义净始倡导印度式方法,即用杨枝净齿;但中国杨枝取材不似印度那么方便,可能作为替代品,遂发明了植毛牙刷。从实物到文献,都证明牙刷是中国人大约在北宋时创始的，但仍未普遍，至南宋时则成为大众的日常用品。作者所举史料，最重要的是南宋吴自牧《梦粱录》，其卷一三"铺席"条有云：

> 自淳祐年有名相传者……狮子巷口徐家纸札铺、凌家刷牙铺、观复丹室；……金子巷口陈花脚面食店、傅官人刷牙铺、杨将领药铺；……

又"请色杂货"条亦有云：

> 又有铙子、木梳、篦子、刷子、刷牙子、减装、墨洗、漱盂子……等物。

从"凌家刷牙铺""傅官人刷牙铺"可见，当时临安已有卖牙刷的专门店，而一般杂货铺也有"刷牙子""漱盂子"之类口腔清洁用具出售。

前引黄义军、秦彧论文也举出两个例证：一是南宋严用和《严氏济生方》：

> 每日清晨以牙刷刷牙，皂角浓汁揩牙，旬日数更，无一切齿疾。

一是日本道元《正法眼藏》第五〇"洗面"：

> ……将牛尾切成寸余，将大约三分之牛角作成方形，长六七寸，其端约二寸作如马鬃形，以之洗牙齿。

还有，孟晖指出北宋时官私医书仍推荐"揩齿"方法，而未见刷牙的内容，至《梦粱录》始有卖"刷牙子"的明确记载，故她也认为刷牙作为生活习惯是在南宋确立的（《唐人揩齿　宋人刷牙》）。她还另举出两条例证。南宋陈敬《陈氏香谱》卷二"龙涎香"条有云：

> ……以齿刷子去不平处，蒸之。

又周密《南渡宫禁典仪》有云：

> 周汉国公主房奁，有玉齿刷十、金齿刷十。（此据清王初桐编《奁史》卷七十二引，文物出版社2017年版，第三册第1144页；按：检宛委山堂本《说郛》卷五十三所收《南渡宫禁典仪》，无此内容）

孟晖以为这里的"齿刷（子）"就是牙刷。

李斌诚等《隋唐五代社会生活史》插图

曾有学者指出，敦煌石窟中唐第159窟《弥勒经变》有刷牙图，表明唐代人已普遍刷牙（李斌诚等《隋唐五代社会生活史》，中国社会科学出版社1998年版，第493页）。考古学家陈星灿质疑此说，指出图像可能只是印度风俗的表现，应该说是有道理的；但陈星灿又认为唐代乃至宋明时期，一般的口腔清洁方式仍是漱口（《中国人刷牙的历史有多久》，《考古随笔》[二]，文物出版社2010年版），又未免过于保守了。我以为宋红、孟晖的看法大体一致，可以接受，即牙刷应是从南宋时期开始普及的。

接下来，元末郭钰有一首专门咏牙刷的诗，题曰《郭恒惠牙刷得雪字》：

老气棱棱齿如铁，曾咀奸腴喷腥血。倦游十载舌
空存，欲挽银河漱芳洁。南州牙刷寄来日，去腻涤烦一
金直。短簪削成玳瑁轻，冰丝缀锁银鬃密。朱唇皓齿娇
春风，口脂面药生颜色。琼浆晚漱凝华池，玉尘昼谈
洒晴雪。辅车老去长相依，余论于今（一作君）安所
惜。但当置我近清流，莫遣孙郎更漱石。（《静思集》卷
三。按：钱锺书亦拈出此例，见前引《容安馆札记》第
四百二十一则；又宋红《中国人使用牙刷考》举此诗为
据并作分析；另承宋希於告知，如一［扬之水］《雪天
里的书》已拈出此例［《万象》第四卷第三期，2002 年
3 月号］）

此是咏物托意之作，甚为难得。前四句似是自卖自夸，谓当
年在朝廷上曾面斥奸臣，扣紧了"齿"与"舌"，由此引出
牙刷的主题。下面四句，都是描写牙刷的："南州牙刷"云
云，可见是南方生产的商品；"一金直"，应指价格而言，可
见是高级牙刷；"短簪削成玳瑁轻，冰丝缀锁银鬃密"，意谓
以玳瑁为杆，以马鬃为毛。至于末两句"但当置我近清流，
莫遣孙郎更漱石"，是戏用"漱石枕流"的典故，语出《世
说新语·排调》："孙子荆年少时欲隐，语王武子'当枕石漱
流'，误曰'漱石枕流'。王曰：'流可枕，石可漱乎？'孙

曰：'所以枕流，欲洗其耳；所以漱石，欲砺其齿。'"后世用以表示隐居。而郭诗是开玩笑，意思是把我泡在水流中没问题，但让我用石块漱口就太难顶了。——在《中国人使用牙刷考》中拈出此诗，对此问题意义甚大，但他以此诗为据，认为此前多用马尾制作牙刷，到元代则改用马鬃，恐难成立。因为此诗显然是描绘高档牙刷的，恐怕唯有高档牙刷才用马鬃，未必有代表性。

到了明清时期，小说中多有提及牙刷，《中国人使用牙刷考》举出十余例。如《肉蒲团》第十回写艳芳让未央生先洗干净身子，未央生表示还要漱口：

> ……正要问他取碗汲水，不想坐桶中放着一碗热水，碗上又架着一枝刷牙。未央生想道，好周至女子，若不是这一出，就是个腌臜妇人，不问清浊的了。

黄义军、秦彧则举出冯梦龙的两则谜语为例。一是：

> 身子生来六七寸，着子相嵌绿背心。方方正正乌去鬃，光光滑滑下半身。晦气遇子（？）精油嘴，把头来摇得紧。（谜底：牙刷）

这似乎是个相当无味的谜语。我猜它可能源自一首明代民歌《牙刷》：

> 牙刷儿身材短刚刚五六寸，穿一领香喷喷绿背心，一条骨子儿生成的硬。短鬏松一搭毛儿黑，光油油好一个下半身。专与那唇齿相交也，每日里擦一阵儿爽快得狠。（冯梦龙《挂枝儿》咏部八卷；收入《明代民歌集》，第274页）

这首民歌就生动多了。文字似是暗示口交（咂阳），也属于"荤面素底"的谜语。另一是：

> 茅屋学铅华，鬏了边，插野花。田郎个个拖来耍，溪边浣纱，丘中种麻，三升麦子真高价。这娇娃，吴城香刷，从未溅君牙。（谜底：村妓）（以上见磨憨斋主人《黄山谜》，中央书店民国二十四年版。按：第二句"鬏了边"，"了"当是"丫"字之讹，见谢伯阳编《全明散曲》，第四册第4631页；钱锺书亦拈出此例，见前引《容安馆札记》第四百二十一则）

末三句嘲弄她没用过"吴城香刷"，当是一种牙刷。——黄义军、秦或两位作者认为：这个谜语显示出晚明时期使用牙刷者的社会阶层，"吴城香刷"作为一种城市品牌，是脱离底层社会的日常生活的。我以为这一理解过于片面了。"吴城香刷"应是当时的奢侈品牌，可比前述郭钰所咏的"南州牙刷"，这里是嘲笑村妓太土气，从未用过高档货耳。但村妓用不上高档牙刷，却不等于用不上普通牙刷。还有一点，这则所谓谜语，恐怕只是假造的谜语，原是无名氏散曲《村妓》，见明代浮白主人所辑的散曲集《黄莺儿》（据谢伯阳编《全明散曲》，第四册第 4631 页）。

据国际学界研究，"表面粗糙的枝条的使用可能是从印度向四方传播的，而从严格意义上说，牙刷则可能是在中国和在阿拉伯国家这两个区域发展起来的"。（《中国科学技术史》第六卷第六分册医学，李约瑟著，鲁桂珍协助，席文编辑，刘巍译，科学出版社 2013 年版，第 85 页）而根据以上所述，更合理的说法也许是：印度人最早使用木条刷牙，但牙刷可能由中国人发明，阿拉伯人或加以改造并传播到西方。据说，牙刷传入欧洲大约在十五世纪（林行止《牙刷的起源、人尿刷牙及其他》，《闲读偶拾》，上海三联书店 2003 年版）

还有一事可说。前述义净《南海寄归内法传》记录印度口腔清洁方法，除了嚼和剔，还有用杨枝"屈而刮舌"一法，并且还说"或可别用铜铁，作刮舌之篦"，也就是有专门的刮舌用具。而唐代姚汝能《安禄山事迹》卷上有云：

> 十载正月一日，是禄山生日，先日赐诸器物衣
> 服。太真亦厚加赏遗。（原注："……太真赐金平脱装
> 一具，内漆半花镜一，玉合子二，玳瑁刮舌篦、耳篦各
> 一……"）（此据黄义军、秦彧《中国古代牙刷的起源与
> 传播》）

这是记述"安史之乱"以前，安禄山深受唐玄宗宠信，生日时玄宗和杨贵妃都有赠礼。而贵妃的礼物中有"玳瑁刮舌篦"，或即印度"刮舌之篦"一类物事，这也可归入佛教影响下的产物。

（五）拿来主义之二：从杨枝到牙签

照义净《南海寄归内法传》对印度"齿木"（杨枝）形制的描述，可分作长、短两形。一种是："长十二指，短不减八指，大如小指，一头缓……"可见有相当长度，一端如小指粗，往另一端渐细渐尖，当是用尖细的那端清洁牙齿，方式可能包括嚼、刷、刮；一种是："或取竹木薄片，如小指面许，一头纤细，以剔断牙，屈而刮舌"，这种短木片的功能，显然与剔牙杖相同。由此，嚼杨枝洁齿法传出印度本

土之后，就形成了两种发展：为增加摩擦和深入缝隙，在长形杨枝上另加硬毛，就成为植毛牙刷；为便于专门剔牙，将短形杨枝削得更纤细，或者说只保留长形杨枝的尖细一端，就成为牙签。

周作人曾指出：

> ……所谓"嚼杨木"，就是现在的刷牙漱口，大约是唐时的佛教习惯。由中国流传到日本，现在牙刷仍有"杨枝"之称，却把剔牙签叫作"小杨枝"了。在当初大概是兼有此用的。公元十世纪中源顺编纂《和名类聚抄》，引用《温室经》云："凡澡浴之法，用七物，其六曰杨枝。"由此可见，"杨枝"之名其来已古了。但是这个名称显然是有错误的，正当的应当叫作"齿木"。（《牙刷的起源》，此据《周作人文类编》第四册，湖南文艺出版社1998年版，第516页）

近时的"知日分子"也仍介绍：日本一直将牙签写作"杨枝"，读作"么鸡"，大体保持着中国读音（万景路《杨枝·牙签·妻用事》，《扶桑闲话》，广东人民出版社2016年版）。

日本传统将牙签称为"杨枝"或"小杨枝"，似能说明牙签是由印度式杨枝"异化"来的。那么，印度式杨枝是不是传到了日本，才"异化"为牙签的呢？此又未必。旧时广府话也将牙签称为"柳骨"，似乎也是印度式杨枝的遗迹（林行止《牙签古今中外谈》，《好吃》，上海书店出版社2009年版）。这样的话，印度式杨枝有可能在中国已分化出牙刷和牙签两物，并且皆保留了"杨枝"之名，日本人只是抄作业而已。

有个例子似乎可算作旁证。十世纪阿拉伯人阿布·泽德记阇婆格国的情形说：

> 国王及其部下均有用牙签的习惯，每人每日剔牙数次，个个随身携带，牙签从不离身，或由其佣人代其保管。（《关于中国、印度和阇婆格城的第二部著作》，［法］G.费琅编著《阿拉伯波斯突厥人东方文献辑注》，耿昇、穆根来译，中华书局1989年版，上册第104页）

"阇婆格国"即爪哇，在今苏门答腊岛和爪哇岛。爪哇与唐宋时的中国交往频繁，当地使用牙签，有可能就是受了中国的影响。那么，或许中国在十世纪之前已使用牙签了。

需要强调一下，如前所述，中国本有使用剔牙杖的习惯，就情理来说，完全可能已用木质材料来制作剔牙杖，只是难以留下物证。这就意味着，从杨枝到牙签，只能算一个重复的发明——牙签更应视为剔牙杖传统的延伸。佛教嚼杨枝的习惯，恐怕只是更加促进了使用牙签的风气而已。易言之，牙签至多算是"中体西用"的结果，绝非"全盘西化"的产物。

明末钱谦益有一首《杨枝挑牙杖歌》：

> 象须剔齿搜宿风，老夫宝爱装银筒。澜沧不渡职贡绝，欲采寸蠡无由通。西方杨枝利漱盥，东国新裁牙杖短。拘尼杨柳都相似，此物流传属谁管？（钱曾注：《翻译名义集》："尼拘律陀，又云尼拘卢陀，义翻杨柳，以树大子小，似此方杨柳，故以翻之。"《宋僧传》："拘律陀树，即东夏杨柳，名虽不同，树体则一。"）（《牧斋有学集》卷十三，上海古籍出版社1996年版，中册第625—626页；按：钱氏或凭记忆用典，似将"尼拘律陀""尼拘卢陀"误倒作"拘尼"）

这是专门咏剔牙杖的诗。诗中的"东国"，似相对于上句"西方"（印度）而言，即指中国。"澜沧不渡职贡绝，欲采寸蠡无由通"，应指当时西南土司不服朝廷，兽毛供给不继，故牙刷匮乏，需要改用剔牙杖。钱谦益学问渊博，又深谙佛典，故很自然地以"杨枝"旧名冠之。可见，在钱氏来说，杨枝、剔牙杖实为同类之物。

事实上，到了这个时候，大约剔牙杖与牙签也时常混淆不分了。或者讲究的、耐用的，就称剔牙杖，简陋的、一次性的，就称牙签吧？

照扬之水的研究，清代的牙签使用已极普遍，用料以柳木最常见（《剔牙杖》）。她举出一首咏物诗为例，清人何耳《燕台竹枝词·柳木牙签》：

> 取材堤畔削纤纤，一束将来市肆筵。好待酒阑宾未散，各盘托出众人拈。（见雷梦水、潘超、孙忠铨、钟山编《中华竹枝词》，北京古籍出版社1997年版，第一册第195页）

此诗将牙签的取材、销售和使用的情形都描写到了。还可补充一个例子：清末王之春《椒生随笔》提到一件逸闻：

> 道光间，苏州山塘有老夫妇，削柳木为剔牙签，以此致小康。（此据俞樾《茶香室丛钞》卷二十"剔齿纤"条）

能凭制作牙签致小康，又可见当时牙签使用之广泛。

附带说一下，牙签的作用并不止于剔牙。在旧时代，中外社会都有浪荡子口衔牙签以示饱食且有钱吃肉的习气，实为一种"有闲阶级"的炫耀行为。此在广东，即俗语所谓"牙签大少"（林行止《牙签古今中外谈》）。在以大阪为背景的小说里，山崎丰子也写到"穿著华丽丝绸和服嘴上叼着牙签的仲介商"（《暖帘》，邱振瑞译，台湾麦田出版2008年版，第31页）。

（六）神器之一：男子含香

中国古代解决口臭问题，尚有一种积极的方法，同时也是一种比刷牙更古老的方法，即含香。

而仅从表面的文献记载而论，男子含香还比女子含香更早呢。

汉代在皇帝左右处理政事的尚书郎，上朝时需要含香以清新口气，以免皇帝不适。东汉应劭《汉官仪》（清孙星衍校集）卷上载：

> 尚书郎给青缣白绫，被以锦被，帷帐、毡褥、通中枕，太官供食，汤官供饼饵五熟果实，下天子一等。……从直女侍执香炉烧薰从入台护衣，奏事明光

殿。省皆胡粉涂画古贤人烈女。郎握兰含香，趋走丹墀
奏事。

尚书郎奏事明光殿，省中皆胡粉涂壁，其边以丹
漆地，故曰丹墀。尚书郎含鸡舌香，伏其下奏事。（据
《汉官六种》，第 143 页）

又东汉蔡质《汉官典职仪式选用》亦载：

省阁下大屏称曰丹屏，尚书郎含鸡舌香，伏其下
奏事。

尚书郎怀香握兰，趋走丹墀。（据周天游校点《汉
官六种》，中华书局 1990 年版，第 206 页）

从"尚书郎给青缣白绫，被以锦被，帷帐、毡褥、通中枕，
太官供食，汤官供饼饵五熟果实……从直女侍执香炉烧薰从
入台护衣"这些描述来看，鸡舌香应是宫内供给的。

事实上，鸡舌香确是实际需要的。这有一个著名掌故，
据《汉官仪》卷上载：

桓帝时，侍中迺存（按：《艺文类聚》人部引作
"刁存"）年老口臭，上出鸡舌香与含之。鸡舌香颇小，

辛螫，不敢咀咽。自嫌有过，得赐毒药，归舍辞决，欲就便宜。家人哀泣，不知其故。赖寮友诸贤闻其怨失，求视其药，出在口香，咸嗤笑之，更为吞食，其意遂解。存鄙儒，蔽于此耳。（据《汉官六种》，第137—138页。参明周嘉胄《香乘》卷二"含鸡舌香"）

侍中迺存口臭，让汉桓帝难顶，就赐鸡舌香给他含在嘴里；不料迺存是个土鳖，不识鸡舌香为何物，以为皇上赐他毒药，遂传为笑柄。所谓一物不知，儒者之耻，迺存因不识鸡舌香，遂蒙"鄙儒"之讥，也算活该吧。但由此可知，鸡舌香在当时也是奢侈品，不是所有大臣都有份的，只有在皇帝左右工作的人才有这个福利。

不必说，鸡舌香的作用就等于今日的口香糖了。只是古时候还没有人造口香糖，鸡舌香得自遥远的南方。据三国万震《南州异物志》载：

鸡舌香，出杜薄州，云是草萎，可含，香口。（此据缪启愉、邱泽奇《汉魏六朝岭南植物"志录"辑录》，农业出版社1990年版，第10页；按：此句一作"鸡舌出在苏州，云是草花，可含，香口"。）

但鸡舌香到底为何物呢？这是有点争议的。

北宋沈括《梦溪笔谈》卷二十六《药议》有云：

予集《灵苑方》，论鸡舌香以为丁香母，盖出陈氏《拾遗》。今细考之，尚未然。按《齐民要术》云："丁舌香，世以其似丁子，故一名丁子香。"即今丁香是也。《日华子》云鸡舌香"治口气"，所以三省故事，郎官口含鸡舌香，欲其奏事对答，其气芬芳，此正谓丁香治口气，至今方书为然。又古方五香连翘汤用鸡舌香，《千金》（按：唐孙思邈《千金翼方》）五午连翘汤无鸡舌汤，却有丁香，此最为明验。（按：南宋陆游《老学庵笔记》卷八云："沈存中辨鸡舌香为丁香，亹亹数百言，竟是以意度之。惟元魏贾思勰作《齐民要术》，第五卷有合香泽法，用鸡舌香，注云：'俗人以其似丁子，故谓之丁子香。'此最的确，可引之证，而存中反不及之。以此知博洽之难也。"陆游同意鸡舌香即丁香之说，但他指沈著未引《齐民要术》，或因记忆有误，撰写时又未查对沈著）

在沈括的时代，世俗一般都以丁香清新口气，而他认为古书所载的"鸡舌香"就是当时一般的丁香，也就是《齐民要术》中的"丁舌香"。他举出"五香连翘汤"一用鸡舌香、一用丁香的例子，以为是最有力的证据。应该说，沈说是有根据的，但并非绝对严密。"五香连翘汤"一用鸡舌香、一用丁香，在逻辑上并不足以证明鸡舌香必是丁香。

当时医家对沈说也是存有疑虑的。北宋颜博文《鸡舌香赋》序有云：

> 沈括以丁香为鸡舌，而医者疑之。古人用鸡舌，取其芬芳，便于奏事。世俗蔽于所习，以丁香状之于鸡舌，大不类也。（宋陈敬《陈氏香谱》卷四、明周嘉胄《香乘》卷二十八皆引）

但迄于后世，鸡舌香已无从验证，世人大约也无意考辨，大抵从沈括之说（参明李时珍《本草纲目》木部第三十四卷"丁香"条、明周嘉胄《香乘》卷二"鸡舌香即丁香""辨鸡舌香"条）；直到现代，历史学家也普遍接受这一旧说（林天蔚《宋代香药贸易史》，台湾中国文化大学出版部1986年版，第45—48页；[美]谢弗[薛爱华]《唐代的外来文明》，吴玉贵译，中国社会科学出版社1995年版，第364—365页；周永卫《两汉南方问题述论》，《周秦汉唐文化研究》第三辑，三秦出版社2004年版）。

　　顺便说明一下，在十八世纪以前，丁香尚无法移植，仅产于印度尼西亚东部的马鲁古群岛（摩鹿加群岛）（参熊仲卿《亚洲香料贸易与印尼马鲁古群岛的社会文化变迁》，《中山大学学报［社会科学版］》2015 年第 3 期）。

　　而在一般士人那里，就不会计较鸡舌香为何物这样的问题。他们只是将鸡舌香作为典故，作为辞藻，用来表示在天子身边任职，甚而只是表示在京城任职。如王维《重酬苑郎中》：

　　　　何幸含香奉至尊，多惭未报主人恩。

又岑参《省中即事》：

　　　　到来恒襆被，随例且含香。

又郑谷《府中寓止寄赵大谏》：

　　　　老作含香客，贫无僦舍钱。

又苏轼《景纯复以二篇，一言其亡兄与伯父同年之契，一言今者唱酬之意，仍次其韵》之一：

蟾枝不独同攀桂，鸡舌还应共赐香。

东坡诗的"鸡舌还应共赐香"，显然是直接用了旧典，而其他诗里的"含香"，则是省略的用法。

还有否定的用法。如白居易《酬严十八郎中见示》：

口厌含香握厌兰，紫微青琐举头看。

这里说"口厌含香"，是表示不想在朝中为官。此时白氏五十岁，正在长安任主客郎中、知制诰（朱金城《白居易集笺校》，上海古籍出版社 1988 年版，第三册第 1265 页）。又《湖上醉中代诸妓寄严郎中》：

蛾眉别久心知否，鸡舌含多口厌无？

"鸡舌含多口厌无"与"口厌含香"的用法一样。此时白氏五十三岁，正外任杭州刺史，逍遥快活得很，故不免得意地调侃在朝中做官的友人（《白居易集笺校》，第三册第 1390 页）。

鸡舌香作为典故，皆特指官场来说的。但实际上，鸡舌香的使用自不可能只限于官场。托名唐人张泌的《控鹤监秘记》有云：

> 公主出，即命侍者召昌宗，衣以轻绡雾縠之衣，冠
> 以玉清云仙之巾。浴兰芳，含鸡舌入宫。（见《子不语》
> 卷二十四；此据王英志点校《随园十种》第十册，浙江
> 古籍出版社 2019 年版）

这是说千金公主为讨好武则天，介绍美男张昌宗入侍，而张
昌宗是"含鸡舌入宫"的。可见鸡舌香大可由官场改用于
欢场。

还要指出一点，近臣含香入侍，或许更能追溯到汉代
以前。

《韩非子·内储说下六微》说六有这样一段：

> 楚王谓干象曰："吾欲以楚扶甘茂而相之秦，可
> 乎？"干象对曰："不可也。"……干象对曰："不如相
> 共立。"王曰："共立可相，何也？"对曰："共立少见爱
> 幸，长为贵卿，被王衣，含杜若，握玉环，以听于朝，
> 且利以乱秦矣。"

战国时有请外国人来本国为官的风气。此段大致是说，楚王
背地里想支持一位楚人做秦国的宰相，以有利于楚国的利
益，向干象咨询。干象认为甘茂是贤人，不能让他相秦，而

共立生于富贵，是未经患难的幸臣，让他相秦可以扰乱其国。这段文字的主旨不必理会，只要注意一个细节："含杜若，握玉环，以听于朝"这几句——前人于此皆未有任何解释（王先谦《韩非子集解》，第 258 页；梁启雄《韩子浅解》，第 264 页；陈奇猷《韩非子新校正》，上册第 650 页），而我以为，这几句就相当于《汉官仪》的"郎握兰含香，趋走丹墀奏事"和《汉官典职仪式选用》的"尚书郎怀香握兰，趋走丹墀"，"含杜若"亦犹"含（鸡舌）香"。

"杜若"多见于《楚辞》，在上古每与"杜衡"相混，古人大抵视为一种香草，似不易按现代植物学确定其为何物（参宋吴仁杰《离骚草木疏》卷第一"杜若"；清祝德麟《离骚草木疏辨证》卷第一"杜若"；姜亮夫《楚辞通故》博物部第八"杜若"，云南人民出版社，第三册第 414—416 页）。而据陶弘景《本草经集注》杜若条：

> 味辛，微温，无毒。……除口臭气。（尚志钧、尚元胜辑校本，人民卫生出版社 1994 年版，第 295 页；另见《本草纲目》草部第十四卷"杜若"条引《名医别录》）

恰可证明杜若有清除口气的功效！此外，楚辞《九叹·惜贤》有一句"握申椒与杜若兮"，语例与《韩非子》的"含杜若，握玉环"相近；而且，《韩非子》这一段话说得也正好是楚国的事情。这样，"含杜若"的记录若是指清除口臭而言，我觉得就极有可能了。在没有鸡舌香的时候，想必杜若也能起到一定的功效吧。这就意味着，通过嚼咀某种植物以清新口气的方法，在战国时期就出现了。

最后说一下，佛教也有含香的习惯。义净《南海寄归内法传》卷一载：

> 众僧亦既食了，盥漱又毕……次行槟榔豆蔻糅，以丁香龙脑，咀嚼能令口香，亦可消食去癃。

（七）神器之二：女子含香

上一节已举例讨论，照文献表面来看，只是说尚书郎用鸡舌香。但别忘了，鸡舌香是皇帝赐下的，是宫廷供给的，尚书郎能用，宫中人岂有不用的道理呢？

不难想象，在皇帝来说，内廷一众女流保持口气清新，肯定要比外朝百官更加重要得多；所以情理上，应是先有后宫用鸡舌香的事，然后才轮到尚书郎。这样的话，女士含香绝不会晚于男士含香的。

事实上也确有女子用鸡舌香的旁证。试看托名陶潜的

《搜神后记》卷五：

> 豫章人刘广，年少未婚，至田舍，见一女子，云："我是何参军女，年十四而夭，为西王母所养，使与下土人交。"广与之缠绵。其日，于席下得手巾，裹鸡舌香。其母取巾烧之，乃是火浣布。（按：清人曾衍东《小豆棚》卷八《阿嫱》形容女子亦有云："至口脂鸡舌，吞吐风情，更出凡想。"但这里的"鸡舌"，可能属于用典的性质，未必是实指）

刘广与神女欢好之后，"得手巾，裹鸡舌香"，显然此香系神女带来。

也不难想象，在古人眼里，"女为悦己者容"，女子含香清新口气，重要性自然更甚于男子。明代叶小鸾《艳体连珠·唇》：

> 是以兰气难同，妙传神女之赋。

又沈宜修同题之作：

> 故歌怜白纻，贝微露而香闻。（皆见《檀几丛书二

集》卷三十六）

在描摹女子嘴唇时，皆强调口气之香，此所谓"兰气"，所谓"香闻"。

又，李渔《闲情偶记》声容部修容第二"薰陶"条有云：

> 人问：沁口之香，为美人设乎？为伴美人者设乎？
>
> 予曰：伴者居多。若论美人，则五官四体皆为人设，奚止口内之香。

口气清新，是为了让美人享受呢，还是为了让享受美人的人享受呢？李渔自男性视角立论，自然觉得是为了让享受美人的人享受的——而且，美人从头到脚都是为了让享受美人的人享受的！这自然是非常不符合"政治正确"的言论，但古人已远，其奈他何。

而女子含香，也有种种讲究，不像男子，就一味鸡舌香而已。

晋王嘉撰、梁萧绮录《拾遗记》卷六载汉昭帝时事：

> 昭帝始元元年，穿淋池，广千步。中值分枝荷，一

茎四叶，状如骈盘，日照则叶低荫根茎，若葵之卫足，名低光荷。实如玄珠，可以饰佩。花叶虽萎，芬馥之气，彻十余里。食之令人口气常香，益脉理病。宫人贵之，每游宴出入，必皆含嚼。或剪以为衣，或折以蔽日，以为戏弄。《楚辞》所谓"折芰荷以为衣"，意在斯也。（按：明周嘉胄《香乘》卷十一"含嚼荷香"、明吴从先《香本纪》"含香"引此）

这是说宫女喜欢用"低光荷"来消除口气，"每游宴出入，必皆含嚼"。又卷九载西晋石崇事：

石季伦爱婢名翔风，魏末于胡中得之，年始十岁，使房内养之。至十五，无有比其容貌，特以姿态见美。……崇常择美容姿相类者十人，装饰衣服大小一等，使忽视不相分别，常侍于侧。使翔风调玉以付工人，为倒龙之珮，萦金为凤冠之钗，言刻玉为倒龙之势，铸金钗象凤凰之冠。结袖绕楹而舞，昼夜相接，谓之恒舞。欲有所召，不呼姓名，悉听珮声，视钗色，玉声轻者居前，金色艳者居后，以为行次而进也。使数十人各含异香，行而语笑，则口气从风而飏。（按：明周嘉胄《香乘》卷十一"含异香行"摘引此）

这是刻画当时巨富石崇的奢华之状，"数十人各含异香，行而语笑，则口气从风而飏"，可知他的侍女皆含高级香料，口中香气逼人而来。《拾遗记》的记载多夸诞失实，入于神怪，但关于女子含香这类事情，当有现实的影子，至少也反映了女子重视含香的时尚。

北宋李昌龄《乐善录》卷下载欧阳修的轶事：

> 颖川一异僧，能知人宿命。时欧阳永叔领郡事，见一女妓，口气常作青莲花香，心颇异之。举以问僧，僧曰："此妓前生为尼。好转《妙法莲华经》，三十年不废。以一念之差，失身至此。"后因郡会，其妓女适侍立在旁，公因以僧语告之，且问："今亦曾转《妙法莲华经》否？"妓曰："某不幸为妓，日事应接，何暇转经？"公命取经，令读，一阅如流，宛若素习，公益异之。（按：明周嘉胄《香乘》卷十"口气莲花香"节引此）

又南宋宗晓编《乐邦遗稿》卷下《诵法华经尼堕倡妓》一则引《遁斋闲览》云：

> 欧阳文忠公知颖州日，有官奴卢媚儿。姿貌端秀，

善谈笑，口中常作莲华香散越，满座人皆奇之，而莫测其由。俄有一僧，自蜀地来，颇知人前生事。公因语之，僧曰："此女前身尝为尼，诵莲经三十年。一念之误，流堕至此。"公未之信，因问之曰："汝曾读《法华经》（按：即《妙法莲花经》）否？"奴曰："失身于此，所不暇也。"公命取是经示之，一览辄诵，如素熟者，易以他经则不能也。僧言真可信矣。（参明梅鼎祚《青泥莲花记》卷一下"王宝奴"条）

又明代周清原《西湖二集》第二十卷"巧妓佐夫成名"亦云：

宋时有个妓女，聪明无比，名满长安，口中时时出青莲花之香。学士欧阳修道："这女子前世定是诵《法华经》之人，只因一念之差，误落风尘。那诵《法华经》者，口中方吐青莲花香。"特召这个妓女来问道："你曾诵《法华经》否？"妓女道："不曾诵。"欧阳修即取一部《法华经》与他诵，诵过一遍之后，就背得出，果像平日惯诵之人。但投胎之时，一点色情不断，误堕风尘，所谓"堕落"者此也。

故事说这位妓女前世是尼姑，喜欢诵读《妙法莲花经》，故积下善因，今世有个好处，"口气常作青莲花香""口中常作莲华香散越""口中时时出青莲花之香"。按：此说实源自佛经，见《大宝积经》（实叉难陀译）卷第五十九文殊师利授记会第十五之二、《大乘理趣六波罗蜜多经》（般若译）卷第五净戒波罗蜜多品第六、《修行本起经》（竺大力、康孟详译）卷上现变品第一，此不赘述。这当然是佛教式的忽悠了，如果前世真有善因，今世又怎么会做妓女呢？但这位妓女口唇间"常作青莲花香"这一点，可以理解为她有令口气清新的秘方。——联系到前述《拾遗记》嚼食荷叶"令人口气常香"的传说，可以思过半矣。

清代闲斋氏（和邦额）《夜谭随录》卷三《邱生》述贡生邱某与狐妖卫素娟纠缠，其中有个细节：

> 娟有异术，往往收取各种花子，祝之，化为异香。含之，齿舌俱馥。

这则是用花籽做成香料来清除口气，应该也有现实的成分。

又曾衍东《小豆棚》卷十一《胡蔓》述男子麦秀与同村少女黎蚬妹彼此有情：

> ……四顾无人，遂与投绿蕉密箐之中而野合焉。

麦觉女口中芳泽宜人，乃抚其颐曰："何物甘香乃尔?"女曰："嚼槟榔耳。"乃舌舐出尖如碧芽茶，麦吮咽之。……

这故事说，当地有毒草胡蔓，"被毒死者，其魂尝附其根，迷惑来往之人而中伤之"。黎蚬妹因误食胡蔓而昏死，其魂与麦秀邂逅交好——"舌舐出尖如碧芽茶"，其物实为胡蔓，但她假称是槟榔，遂使得麦秀也中了毒。由这个情节来看，当时嚼槟榔也能起到清新口气的作用。

至于诗词曲中描摹美女，也多强调其口气之香。如五代韦庄词《江城子》:

朱唇未动，先觉口脂香。

又辽代《十香词》之六:

非关兼酒气，不是口脂芳。却疑花解语，风送过来香。(参陈衍《辽诗纪事》卷四;按:明周嘉胄《香乘》卷二十七"十香词"引此)

又元代无名氏散曲《正宫醉太平·赠风流妓》：

> 点朱唇檀口喷兰麝，压秋波眉黛弯新月。（明张栩
> 辑《彩笔情辞》二卷）

又元代徐子方散曲《青楼十咏·交欢》：

> 阴阴春透，隐隐眉攒。柳腰欹东风款款，樱唇喷香
> 雾漫漫。（明张栩辑《彩笔情辞》四卷）

又明代陈铎散曲《美人十咏·咏口》：

> 绽樱桃红半分，吐幽兰香暗袭。笑谈中出落着玉粳
> 齐，半启朱唇将甜唾唧。（《全明散曲》，第一卷第515页）

又无名氏散曲《四季乐情》：

> 【胜葫芦】……我将这檀口麝香馨。（《全明散曲》，
> 第四册第5134页）

以上这些都是抽象地形容女子的口香。而更常见的，是具体

地描述女子口含丁香，如李煜词《一斛珠》：

> 晚妆初过，沈檀轻注些儿个。向人微露丁香颗。

又欧阳修词《惜芳时》：

> 丁香嚼碎偎人睡，犹记恨，夜来些个。

这是在唐宋时代，丁香看起来是实指的，但到了明代，丁香似乎就成为虚指了。如李在躬词《点绛唇》：

> 檀口微微，笑吐丁香舌。喷龙麝……（见褚人获《坚瓠集》八集卷之一"幽欢词"条；此据谭正璧《诗歌中的性欲描写》之六，第266页）

又尼姑素琴词《点绛唇·咏幽欢》：

> 笑吐丁香，羞颤双眸闭。娇无那，浅迎深递，搅乱香堆里。（此据谭正璧《诗歌中的性欲描写》之六，第268页）

又张苇如的散曲套数《咏朱唇》亦有云：

> 【前腔】……更添些麝兰香风味斜，只弄得美津津
> 檀口滑，却被多情轻啮也。……
> 【前腔】……刚则道会撩人嘴脸叉，早配上脆丁香
> 尖巧法，好帮衬的蛮腰也。（此据《全明散曲》，第四册
> 第 4173—4174 页）

这些都属描写接吻的套路，不必细表。

最有意思的是无名氏散曲《交欢》：

> 两情浓准备俄延，喜看双凫，飞上吟肩。半吐丁
> 香，双含豆蔻，款折红莲。（《全明散曲》，第四册第
> 4899 页）

从前文看，"半吐丁香"显然指接吻。特别值得注意的是紧
接下来的"双含豆蔻"四字，是说男女两个接吻时皆口含
豆蔻——这就很典型地说明，前一句的"半吐丁香"只是
单纯指代含香接吻的修辞，与口中所含的香料已无实质的关
系了。这有一个正可对照的例子，曾衍东《小豆棚》卷十四
《郝骧》述男女交欢有云：

……手摸豆蔻，舌度丁香，两人遂合。

"豆蔻"为实，"丁香"为虚，与前例"半吐丁香，双含豆蔻"正不约而同，足以说明丁香完全已修辞化了。

这样就形成一个有趣的对照：写男子则用鸡舌香的古典，写女子则用丁香的修辞。可是，若照沈括《梦溪笔谈》的考证，鸡舌香即丁香，那么男女实际上就是用同一种香而已。

（八）神器之三：香茶

《金瓶梅词话》不少地方写到一种名曰"香茶"的物事。如第四回写西门庆与潘金莲：

西门庆嘲问了一回，向袖中取出银穿心金裹面盛着香茶木樨饼儿来，用舌尖递送与妇人，两个相搂相抱，如蛇吐信子一般，呜咂有声……

又第二十三回、第二十六回写西门庆与宋惠莲：

老婆便道："爹，你有香茶再与我些，前日你与的那香茶都没了。"

原来妇人……口中常噙着香茶饼儿。

又第三十四回写西门庆与书童：

西门庆见他吃了酒，脸上透出红白来，红馥馥唇儿，露着一口糯更牙儿，如何不爱？于是淫心辄起，搂在怀里，两个亲嘴砸［呷］舌头。那小郎口噙香茶桂花饼，身上熏的喷鼻香……

又第五十二回写到应伯爵三番五次向西门庆讨要香茶，甚至趁西门庆跟李桂姐偷欢时强索：

伯爵道："哥你往后边去，捎些香茶儿出来。头里吃了些蒜，这回子倒反帐儿，恶泛泛起来了。"西门庆道："我那里得香茶儿来？"伯爵道："哥，你还哄我哩。杭州刘学官送了你好少儿着，你独吃也不好。"西门庆笑的后边去了。

伯爵一面走来，把门带上，说道："我儿，两个尽着捣，尽着捣。捣吊底子，不关我事。"才走到那个松树儿底下，又回来说道："你头里许我的香茶，在那

里?"西门庆道:"怪狗材,等住会,我与你就是了,又
来缠人!"那伯爵方才一直笑的去了。

西门庆走到李瓶儿房里,洗洗手出来。伯爵问他
要香茶,西门庆道:"怪花子,你害了痞!如何只鬼混
人!"每人撂了一撮与他。伯爵道:"只与我这两个儿!
由他由他,等我问李家小儿要。"……

"香茶木樨饼儿""香茶""香茶饼儿""香茶桂花饼"显然都
是同一类物事,含在嘴里,男女皆用。而应伯爵以"头里吃
了些蒜,这回子倒反帐儿,恶泛泛起来了"为由向西门庆索
要香茶,最可见香茶是用来清除口气。易言之,香茶并非指
一般茶饮,实指当时一种合成香料,犹今之口香糖。

香茶物小而轻,也像口香糖一样,往往是随身带着的。
如上引第四回:

向袖中取出银穿心金裹面盛着香茶木樨饼儿来……

又第二十三回:

又大袖子袖着香茶木樨,香桶子三四个,带在身边。

又第五十九回：

> 先是西门庆向袖中取出白绫双栏子汗巾儿上，一头拴着三事挑牙儿，一头束着金穿心盒儿。郑爱月儿只道是香茶，便要打开。西门庆道："不是香茶，是我逐日吃的补药。我的香茶不放在这面，只用布包儿包着。"于是袖中取出一包香茶桂花饼儿，递与他。

第九十二回写陈经济勾引已另嫁好人家的孟玉楼，还有一处特别的描述：

> 这经济笑嘻嘻向袖中，取出一包双人儿的香茶，递与妇人，说："姐姐，你若有情，可怜见兄弟，吃我这个香茶儿。"说着，就连忙跪下。那妇人登时一点红从耳畔起，把脸飞红了！一手把香茶包儿，掠在地下，说道："好不识人敬重！奴好意递酒与你吃，到戏弄我起来！"就撇了酒席，往房里去了。经济见他不就，一面拾起香茶来……

陈经济向孟玉楼递上香茶，实代表求欢。所谓"一包双人儿的香茶"，应是专门给男女同时含用的，正与前述明代散曲

《交欢》所谓"双含豆蔻"的情形互证。可见香茶往往用于男欢女爱，近于"成人用品"范畴了。

关于《金瓶梅词话》中香茶此物，白维国已明确指出其性质和作用（《金瓶梅风俗谭》，商务印书馆 2015 年版，第380—382 页）。他还另外举出几个描写香茶的文本。

首先是元代乔吉的散曲《双调·卖花声·香茶》：

> 细研片脑梅花粉，新剥珍珠豆蔻仁，依方修合凤团春。醉魂清爽，舌尖香嫩，这孩儿那些风韵。（《全元散曲》，上册第 709 页；按：清李调元《雨村曲话》卷上："致远曲多俊语。……'细研片脑梅花粉，新剥真珠豆蔻仁。'咏茶俊语也。"此以香茶为一般的茶，实系望文生义）

又明代陈铎的散曲套数《嘲香茶桂饼》：

> 【梁州第七】歪扭捻自家杜撰，诈称呼辽府传来。两三般换和成一块，将他白擂杵捣，手搦拳搧。千般折挫，百种安排，把蟾宫标格沉埋，唤香茶声价高抬。贵重似灵丹药珍保珍藏，苦辣似吴茱萸又狠又歹，坚硬似铁石锚难认难猜。那一等蠢材！弄乖，手帕里拴裹荷包

里带，把风情女娘行卖。檀口樱唇到处挞，当不的买笑钱财。（此据《全明散曲》，第一册第 607 页）

又明末李渔《闲情偶记》声容部修容第二"薰陶"条也有云：

> 其次则用香皂浴身，香茶沁口，皆是闺中应有之事。……至于香茶沁口，费亦不多，世人但知其贵，不知每日所需，不过指大一片，重止毫厘，裂成数块，每于饭后及临睡时以少许润舌，则满吻皆香，多则味苦，而反成药气矣。凡此所言，皆人所共知，予特申明其说，以见美人之香不可使之或无耳。

从西门庆只"揢了一撮"给应伯爵这一细节，从陈铎的"贵重似灵丹药珍保珍藏"、李渔的"世人但知其贵"这些话，可见香茶是比较昂贵的商品，只有大户人家或高级妓女才用得起。

香茶的配方其实也有记载。宋代陈敬《陈氏香谱》卷四"香茶"类有"经进龙麝香茶""孩儿香茶"及两种"香茶"名目，都列举了具体成分及其制作方法，其中"经进龙麝香茶"如下：

白豆蔻一两（去皮）　白檀末七钱　百药煎五钱　寒水石五分（薄荷汁制）　麝香四钱　沉香三钱（梨汁制）　片脑二钱半　甘草末三钱　上等高茶一斤

上为极细末，用净糯米半升煮粥，以密布绞取汁，置净碗内，放冷和剂，不可稀软，以鞭（一作硬）为度。于石版上杵一二时辰，如粘黏（一作黏），用小油二两煎沸，入白檀香三五片。脱印时，以小竹刀刮背上令平。（参刘幼生编校《香学汇典》，三晋出版社2014年版，上册第313页；按：白维国拈出此条）

又"香茶"之一如下：

上等细茶一斤　片脑半两　檀香三两　沉香一两　旧龙涎饼一两　缩砂三两

上为细末，以甘草半斤锉，水一碗半，煎取净汁一碗，入麝香末三钱和匀，随意作饼。

又元代忽思慧《饮膳正要》卷第二"香茶"条：

白茶（一袋）　龙脑成片者（三钱）　百药煎（半钱）　麝香（二钱）

　　同研细，用香粳米熬成粥，和成齐，印作饼。

又明代高濂《遵生八笺》卷之十三饮馔服食笺下卷有"香茶饼子"条：

　　孩儿茶、芽茶四钱，檀香一钱二分，白豆蔻一钱半，麝香一分，砂仁五钱，沉香二分半，片脑四分，甘草膏和糯米湖搜饼。

从成分和制法来看，这些"香茶"应即同一种物事。

　　此外，还可以补充一些咏香茶的作品。

　　关汉卿散曲《双调·新水令》：

　　【收江南】好风吹绽牡丹花，半合儿揉损绛裙纱。冷丁丁舌尖上送香茶。都不到半霎，森森一响遍身麻。

"冷丁丁舌尖上送香茶"的香茶，当即西门庆"用舌尖递送与妇人"之物。

　　陈铎另有一首散曲《北越调小桃红·香铺》：

　　龙涎沉脑共安息，伤本无多利。药品无方乱搭配，

要便宜。有香名色无香味，戗喉喷鼻，一团烟气。多半
是榆皮。（*此据《全明散曲》，第一册第 545 页*）

这是描写各种香料的，龙涎、沉香、龙脑、安息皆属香料
名。而后半"有香名色无香味，戗喉喷鼻，一团烟气。多半
是榆皮"云云，无香味且戗喉，似乎也是指香茶而言。

又明代金銮散曲《北双调清江引·酬美人馈香茶》：

桂花饼儿劳寄我，是你亲调和。酥含齿上香，软沁
舌尖唾。夜深醒来犹半颗。（*此据《全明散曲》，第二册
第 1604 页*）

这里将香茶称为"桂花饼儿"，与"香茶木樨饼儿""香茶饼
儿"相较，命名不同，但命名方式实相同，应是制作香茶的
配料有差别吧。

又明代《嫖经》亦有云：

赠香茶，乃情之所使；投果核，则意欲相调。（*《青
楼韵语》卷三*）

此与上引散曲《酬美人馈香茶》正可相互印证，可见赠香茶

是青楼中较常见的互动。

从《陈氏香谱》及关汉卿、乔吉的例子来看，香茶之物，至少宋、元时就有了。不过，白维国将香茶追溯到唐代陆贽《烟花记》里的"茶油花子饼"，似属望文生义。"茶油花子饼"若非用来冲饮，也是用来闻香，并非用来咀嚼的。

（九）杀器：去口臭方

前引宋红《中国人使用牙刷考》一文还指出：在使用牙刷以前，中国人已知使用牙药。唐代苑咸《为李林甫谢腊日赐药等状》有"白黑蒺藜煎揩齿药"，可能是最早记录，其次有北宋释文莹《玉壶清话》卷五《治口齿乌髭药歌》、《东坡志林》"服松脂法"。

其实牙药使用的历史要早得多。《史记·扁鹊仓公列传》记齐仓公医案有一则：

> 齐中大夫病龋齿，臣意灸其左大阳明脉，即为苦参汤，日嗽三升，出入五六日，病已。得之风，及卧开口，食而不嗽。（此参王家葵《"旅拒"释词》，《本草博物志》，北京大学出版社 2020 年版）

可见至少西汉初年，已用苦参治疗龋齿。

又沈括《梦溪笔谈》卷十八"技艺"有云：

> 又余尝苦腰重，久坐，则旅距十余步，然后能行。有一将佐见余曰："得无用苦参洁齿否？"余时以病齿，用苦参数年矣。曰："此病由也。苦参入齿，其气伤肾，能使人腰重。"后有太常少卿舒昭亮用苦参揩齿，岁久亦病腰。自后悉不用苦参，腰疾皆愈。此皆方书旧不载者。

可见直到宋代仍多用苦参揩齿以治牙病，但已发现有副作用。

除了治牙病的药，更有专门治口臭的单方。

如唐代王焘《外台秘要》卷二十二载"风齿口臭方二首""口臭方九首"，前者说明古人已知口臭与牙病有关，后者则是用豆蔻专门治疗口臭（温翠芳《唐代的外来香药研究》，陕西师范大学博士学位论文，第 132 页、第 106 页）。又敦煌文献 P. 3930《不知名医方第十种残卷》有"治口臭方"，系用荜拨和阿魏治疗口臭（此据《唐代的外来香药研究》，第 132 页）。

又如孙思邈《千金要方》卷之十七载口臭方多种：

> 五香圆，治口及身臭，令香，止烦散气……

> 含香圆，治口气臭秽，宜常服之……（四方）
>
> 治口中臭……（三方）
>
> 主口香，去臭……（九方）

又宋代洪刍《香谱》卷下"香之法"载"唐化度寺牙香法""雍文彻郎中牙香法"及"牙香法"（六方）。所谓"牙香法"，即利用了香料去除口臭，应与口臭方大同小异。

在刚开始关注"接吻的中国史"这一课题的时候，我曾怀疑，中国古代在口腔卫生方面或不甚讲究，口臭较为严重，故影响到接吻风气不盛行。如前所述，也确实存在一些这方面的证据。但我们不要忘了，在古代人来说，口臭问题自然不如现代人这么容易解决，这一问题不分中外都是同样存在的，近代以前的外国人也不见得比中国人好多少。

澳大利亚学者杰克·特纳在《香料传奇：一部由诱惑衍生的历史》里写道：

> 中世纪时用少量香料就可以对付的另一种恼人的毛病是口臭。《玫瑰的故事》（*Roman de la rose*）第二部分的作者让·德·默恩（1240—1305年）告诫一位有口臭的妇女说，千万不要空腹时对着别人讲话："尽可能

不要把嘴对着别人的鼻子。"17世纪时，彼得·达米安（还记得吗，就是那位把克卢尼比做香料园、想象他们的香水气息在天堂中飘荡的人）提到一些贵族妇女，她们"诲淫地"咀嚼着香料，以清新口气。而在达米安看来，她们实际应当咀嚼的是圣诗和祷告词，"这样上帝的眼中才可能带有香气"。更不体面的是，乔叟笔下的阿伯萨拉姆先在口中嚼一些小豆蔻，然后去引诱米勒的老婆，结果是大倒其霉。（周子平译，三联书店2007年版，第245—246页）

可见古人不论东西，在口臭问题上是差不多的。

总的来说，在古人来说，口臭问题可能在一定程度上对接吻行为会产生消极的影响，但不能说是决定性的因素。中国人在口腔卫生方面有时不那么讲究，但并非没有解决方法。简单说，该讲究的人自会讲究，该讲究的人自会有讲究的办法。

明代有一部《嫖赌机关》，是嫖赌指南性质的书，其上卷"做姊妹有八清"之二"口齿"一则云：

> 妓者谈论，必张口齿，口有秽气，齿有垢腻，人若见闻，鲜不嫌恶。清客姊妹，每遇晨昏酒后，涤之漱

之，必使口如菱米，齿如瓠犀，纵别容未足观，而口齿先得人意矣。（按：此书扉页署《嫖赌机关》，"江湖散人辑"，"德聚堂梓"，内文署《新刊嫖赌机关》，"昭阳元甫沈弘宇述"。近世所刊的《浑如篇》，署"明沈弘宇著、范遇安校阅"，实即《嫖赌机关》的前半部分，其中亦有与此处所引完全相同的内容〔北新书局 1926 年版，第 13 页〕）

可见青楼中人，吃的是开口饭，对口腔卫生是很讲究的。为了要"先得人意"，必须要勤做工课，做到"口如菱米，齿如瓠犀"才行。

这很能说明，对于口气清新问题，传统的中国人是有意愿、也有能力解决的。

证据就是——在接吻上，中国人表现正常。

后记

先说明一下此书的缘起。

书里第十四部分，引证了赵翼一首咏西施舌的诗，末两句是"却惭老去风情断，方与佳人接舌来"。当年我读《瓯北集》至此，很有点诧异，就在书上批注："中国人之性爱传统，不似西人之重舌吻。文献所述似甚罕，亦可考之一题，此亦史料也。"现在看来，这个印象并不恰当，中国文献有关接吻乃至舌吻的记载并不少，但我却是由此开始关注这个题目，并随时记下史料线索的。而此书第十四部分之所以会专门讨论"西施舌的情色想象"，也正是由此而来。

据留下的眉批，我是在2008—09年间读《瓯北集》的。岁月抛人，十年于斯矣。

关于此书的写作，有几点可说。

如"小引"已交代的，此书偏于史料的综合，而外编尤甚。事实上，我的写作过程，也是先录入史料，再围绕史料来作论述和组织的。不过，在此过程中，也有一些新的发现，书里有创见的成分要比原来想象的要多些。比如在考订方面，关于《易经》咸卦、屠隆谜语词、《韩非子》"含杜若"等问题，皆有一得之见。

就篇幅来说，这只是一本小书。我相信，若照不少学院派的做法，往接吻史的这个锅里添加种种文化史的"佐料"，似不难写成一本更"学术"的专著；但那样的工作，在我看来是鲜奶兑水，是一种稀释了的学问，既削弱了创造性，又增加了劳动强度，不是我愿意做的。前辈学人汤炳正先生有言："即使是自己的创见，应当写成札记的，绝不拉成论文；应当写成论文的，绝不铺张成专著。"我很认同这种作风。所以，此书大体只围绕史料就事论事，稍作发挥，不期成为大作，但求都是干货。

有一点应该说明：当年高罗佩研究性学，他作为脂粉客实有充分的阅历，可谓"功夫在诗外"；而我之于接吻，经验固不足一哂，我只是将之作为单纯的文化史问题来探讨的，不过是"纸上得来"。但我想，接吻毕竟不算是多么复杂的事，未必需要精于吻技，才能研究接吻史的——正如王国维不爱看旧戏，也不妨考证古代戏曲史。

此书的撰写大致在 2020 年春夏间，正是大家都闭门索居的时候。这是病毒的时代，这是口罩的时代，这也是接吻成了禁忌的时代。嘴与嘴、舌与舌的接触，又如何"隔离"呢？这样，在不宜接吻的时期，写出了一部关于接吻的著作，正是一个悖论，然而，也因此更有意味吧。

最后，在资料方面要鸣谢以下各方。

"接吻的中国史"这个题目，当初觉得是一个学术空白，而书中所引据的材料，也多数来自个人随机的积累。但在录入、查检史料的过程中，发现网上已有若干介绍中国古代接吻的帖子，且从中也获得不少线索，尤以明清小说的例证最多，除《金瓶梅词话》之外，还有《二刻拍案惊奇》《醒世恒言》《八段锦》《夜谭随录》等。这些帖子主要有：《中国是什么时候开始有接吻的？》《中国男人没吻技？汉唐技术高，宋元最悲催，明清颇传神》(大唐雷音寺)、《打开中国接吻史：呜、呜哑、做了个吕字，指的是同一件事？》《小说〈金瓶梅〉作者笔下的香茶》(大庆商江)。但因帖子来历不明，作者不详，引用史料亦不规范，故在行文时不便出注，兹特此说明。

所引医书、明清小说，有不少曾利用"国学大师"网站检索或查对文本，颇觉便利。这样无偿嘉惠学界的搜索网站，值得我们致敬。

在下载论文、查核材料方面，还得到友人周松芳、宋希於、严晓星、张求会诸位的帮助——不过，对于我的意图，他们并不知情，"父啊！赦免他们，因为他们所做的，他们不晓得"。

2020 年末于广州

　　因书稿出版过程较长，期间我陆续地发现了不少新的材料，也陆续地做出局部的修订增补，前后大约有七次之多，皆承特约编辑宋希於及有关排版人员耐心处理。

　　有个问题需要先作说明。在第三部分，我将《易经》咸卦的"咸其辅颊舌"解释为接吻，在我撰写之前，记得仿佛前人已有此类说法，但检索手头的《易经》文献皆不见，无法确定，只好另起炉灶作了论证。近检赵伯陶先生的《远岫集》（人民日报出版社 2022 年版），书中引用了王明的《〈周易·咸卦〉新解》一文，载《中国哲学》第七辑（生活·读书·新知三联书店 1982 年版）——搜检我的藏书，果然有这一辑《中国哲学》，而且在目录所见《〈周易·咸卦〉新解》一文之前标注了问号，则我的印象当即由此文而来。此文依据传统的训诂，认为"咸"与"感""撼"通，应理解为"动"，并说："本卦'咸'字，都作动词用，就是'动'的意思。在不同的身体部位，施展不同的动作。试瞧少男对少女，开头儿捏她的脚拇趾，接着拧她肥嫩的脚肚，又摸她的大腿，逐步依次向上，摸她的喉间梅核（在口之下，心胸之上），一直到亲她的面颊，吻她的嘴儿。全部动作的过程，由下而上，从足趾到头面，一着紧接一着，终至达到亲嘴的高峰。"这个结论，已先我而得之。以修改不便，暂系于此。同时，我的论证是独立作出的，别有理路，自信也更为有力，或者也不必修改吧。

此外，近期在知网偶然检得郑亚辉的论文《中古以来"亲吻"类词的历时演变初探》（暨南大学 2014 年硕士学位论文）。据其总结，关于亲吻动作的指涉，东汉至宋元时期使用"呜"及其复音形式，明清以迄现代则通行"亲""吻"，现代更往往连用为"亲吻"。作者颇下了功夫，举证甚为丰富，现代汉语、方言部分更是我未涉及的。此外，又检出苏全有《论民国时期的接吻习俗》一文（《大连大学学报》第 39 卷第 1 期，2018 年 2 月），有关文学、电影方面的引证亦甚多。两文皆依据电子语料库或文献库检索，举例多有超出我之外者，不过考虑到其涉及的语例太多，本书已不便一一分析并引用，同时照我的印象，这些语例也不太影响本书的论述，故皆存而不论，特此说明。

在审读过程中，个别语句和例证略有删削，第十三部分"明清春宫画举例"暂以"存目"方式处理，但对整体的论述并无影响。

　　　　　　　　　　　　2022 年夏日补记于广州